転換期を迎えた日本の学校教育

今川峰子
Mineko Imagawa

ナカニシヤ出版

まえがき

教育は「国家百年の計」と言われてきたように、次の時代を生き、新しい社会を担う人間を育てるために、長期的・俯瞰的な視野に則り行われる極めて重要な営みである。教育の原点は家庭教育であり、その後の保育所・幼稚園、そして学校教育（小学校・中学校・高等学校・大学）へと引き継がれていく。次の時代を切り拓いていく子どもたちを育成するには、自国の歴史・文化・社会を踏まえつつも、今日のグローバル化する社会で、自立し、自らの将来を切り拓く力を培えるような教育が求められている。

日本は戦後の社会の混乱時代、その後の目覚ましい経済復興、そして一九八〇年代には国際化、高度情報化社会の下で、世界第二位の経済大国に上りつめることができた。この繁栄を支えたのは教育に熱心な国家と戦前生まれの親たち、そして戦前生まれの親に育てられた団塊の世代である。ところが、一九九〇年代に入りバブル経済の崩壊、少子高齢化の急速な進展、さらに、「人・もの・お金」が国境を越えて行き交うグローバル化社会の到来と、今日に至るまでに日本社会は目まぐるしく変貌してきた。

このような社会の大きな変化のなかで、義務教育を担う学校教育の組織そのものはそれほど大きく変化してきていない。それは、これまで先人が培ってきた日本の学校教育の良さを残しつつ、変化の激しい時代に求められる知識や技能だけでなく、思考力・判断力・問題解決能力・コミュニケーション力を養うような授業を展開し、時代のニーズに合わせて教員が悪戦苦闘し努力を積み重ねてきた結果である。「教育は人なり」と言われるが、アメリカ・中国・台湾と比較して、日本の教師は決して劣ってはいないと筆者の体験から断言できる。

ところが、科学技術の進歩、「人・もの・お金」が国境を越えて移動する今日のグローバル化社会の進展、そしてＩＴ技術の進歩によって日常生活は激変しつつある。このような時代にあって特に地域に根ざしてきた小中学校の義務教育をどのように実践すればいいのかを自問自答するようになった。それは親として二人の子どもを育て、小中学校のスクールカウンセラー、地元の教育委員を務め、大学教員として幼稚園・小学校・中学校の教員になって巣立つ学生たちを指導してきた体験、そして現在も地元の学校教育推進会議・社会教育審議会・教育振興基本計画・教育委員会事務点検評価委員を務めて、学校教育と深いかかわりがあるゆえんである。

従来、アカデミックな教育心理学や発達心理学の伝統的な研究は、発達と教育に関わる条件を厳密に統制して、年齢や学習、教育効果を実証的に測定することで、人間の発達と教育の普遍的な法則を明らかにしようとしてきた。しかし、アメリカでは既に一九七〇年代に入ってから、普遍的な発達と教育の法則が本当に存在するのかという疑問が急速に広がっていた。子どもの発達と教育を理解するためには、従来のような実験室的で厳密な条件を統制する方法では限界がある。まさに、今、生きている子どもの生活場面での発達や教育を研究することこそが求められている。子どもの生活する家庭、学校、そして地域社会、国家をも考慮することが不可欠であり、この視点に立脚して、先駆的な研究を行っていたのは、コール（M. Cole）、ブルーナー（J. S. Bruner）、ブロンフェンブレンナー（U. Bronfenbrenner）らであった。

コーネル大学のブロンフェンブレンナーは日本に来日し、名古屋大学での講演では、筆者自身も学生として講演会に参加して、大変に感動した記憶がある。このため、早速、長島（訳）による一九七〇年に出版された『二つの世界の子どもたち』を購入して読み、再度、強い衝撃を受けた。この本は科学技術・教育・マスコミが発達した二つの先進工業国、要するに当時は世界を二分する二大大国であったアメリカとロシア（旧ソビエト）のしつけと教育を比較したものである。一方は自由主義国家であり、もう一方は社会主義国家という、政治的・社会的に対照的な国家に育つ子どもの発達を考察したものである。国による政治的・社会的システムの違いが、親のしつけや学校教育を通して子どもの人格形成に強く作用することを紹介している。市民革命によってロマノフ王朝を倒し、労働者を中心にした社会主義国家を建国したロシアの教育は、この国家を維持し発展させることに力点を置いたしつけと教育である。このため、集団主義教育を円滑に実施するために、子どもたちには従順さと自己規律を身につけることを求めている。ブロンフェンブレンナーの著書を読んだ時、日本のしつけと教育はアメリカよりもむしろロシアに似ていると感じていた。一九八〇年代にソビエトの幼稚園・小学校の視察旅行が企画され、今は亡き日本心理学会理事長で大阪教育大学学長であった田中敏隆教授から、ソビエトでは幼児や児童が教師に対して従順であり、授業態度は日本以上に規律正しく、私語はほとんどないことと、グループ単位の活動が整然と行われている様子を聞き、一緒にソビエトへ行くことを誘われたが、子育てのまっただ中であった筆者はその視察研修に同行する機会を逃してしまった。

日本でも一九七〇年代から日米比較研究が盛んに行われることになった。その一つが東・柏木（一九八一）による日米比較研究であり、『母親の態度行動と子どもの知的発達―日米比較研究』としてまとめられた。その後、一九九一年に教育心理学者の東洋による『日本人のしつけと教育』が出版されている。この本のなかでは日本人のしつけと教育のルーツは江戸時代の鎖国政策と身分制度にあると東は述べている。江戸時代には、身分によって構成された個人が担当する役割とその役割に伴う責任を忠実に果たすことが正しい生き方とされ、この思想が武士階級だけでなく地域社会の小さなコミュニティまで浸透していた。この役割を自発的に担うことこそが、周りから評価され、それが自尊心につながっていた。一九八〇年代までは日本の子どもの学ぶ意欲の基底には「受容的勤勉性」が培われ、一方アメリカの子どもの学習動機は自らの興味関心を基盤にした「自主的選好性」にあると言う。

東による『日本人のしつけと教育』は、歴史的・社会的観点を視野に入れて、日米での子どもの学習意欲の違いは、日米それぞれの親のしつけと学校教育が、異なった影響力を子どもに及ぼすことを、実証的研究に立脚して書かれたものである。特に日米の歴史的・社会的文脈の違いと学校の教育課程を意識しつつ述べられている点に筆者は強く心を動かされた。ただ、この本は一九九〇年代以前に執筆されたために、一九九〇年代以降における今日の学校教育の実態といじめや学級崩壊が珍しくなくなってきた今日の教育現場についてまでは言及されていない。このため、筆者は東の歴史的・社会的文脈を考慮しつつ、一九九〇年代以降の日本の学校現場の実態を把握してまとめた著書を書き上げたいと思っていた。

子育てや夫の診療所開業からうまく解放された時に、海外の学校を視察する機会が巡ってきた。日本学校心理士会の海外研修である。二〇〇〇年には、アメリカのテネシー州にあるバンダービルト大学とピーボディカレッジ、そしてケネディセンターや幼・小・中学校と教育委員会を視察し詳しい説明を受けた。この企画は当時兵庫教育大学在職の塩見邦雄教授により実現したものである。ケネディセンターでは組織的な実践研究の規模にまず驚かされた。衝動的で感情をコントロールできない幼児や発達障害児に対して、家族も含めて早期から教育訓練を実施し、小学校入学後もフォローするために、多額のファンド資金を得て大規模で組織的に実施する研究の報告を受け、これこそが教育実践研究の神髄であると感じた。

その後、二〇〇一年には二人のブッシュ大統領の出身地で教育に熱心なテキサス州のトリニティ大学を視察した。大阪教育大学と提携を結んでいる大学であり、松浦宏教授の企画により実現した。トリニティ大学では教育実習期間が八か月と長く、しかもインターン制を導入している教育課程の説明、管理職である校長養成のコース、そして日本とは養成と役割が異なるスクールカウンセラー（ガイダンスカウンセラー）の説明を受けた。日本の学校教育で担任教師の多忙な仕事を軽減することにつながると思い本著の第7章で紹介している。

二〇〇二年にはデラウエア州のデラウエア大学の小・中・高等学校を訪問し、本書の第1章にも紹介したが、セイント・アンドリュース高等学校が大変に印象深い。デラウエア大学と小・中学校にはその後も加えて二回訪問し、ベア（G. Bear）教授の自宅に研修参加者全員が訪問して交流を深めた。ルールを守らず逸脱した行動に対処する日米の教師による生徒指導の違いは顕著であった。アメリカでは問題が起きるとすぐに介入し、親を呼び出して注意を促すのは珍しいことではない。前年にテキサス州で紹介された「ゼロトレランス」の生徒指導法を重ね合わせて、この方法が生まれる素地が教育現場にあることを知り納得して帰国した。

二〇〇七年にはサンディエゴ州立大学（ＳＤＳＵ）を中心にして連邦政府の助成金により、大学と小学校の連携プロジェクト（ＲｔＩ）が実施されていたエジソン小学校を訪問することができた。この研修は筑波大学の石隈利紀教授の企画によって実現したものであり、個別教育計画の作成と学習障害児への介入にスクールサイコロジストが重要な役割を果たし、学校での地位は高くスペシャリストとして確固たる役割を得ていることを知ることができた。その後、日本の学校制度に近い香港と台湾にも二回訪問することができた。

学校で専門家として地位を築き活躍するスクールカウンセラーやスクールサイコロジストの役割だけでなく、一般の児童生徒が学ぶ授業の進め方や学校の組織、そして教員養成課程にも注意を払って、つぶさに見聞し情報を収集できたことは、筆者にとって日本の学校教育を見直す貴重な体験となった。

これらの体験を基に、日本が抱えるいじめや不登校、そして学級崩壊への対処の一助となればと思い、質問紙によるアセスメント検査『自分らしさを活かしてつきあう』を作成した。「学校は楽しい」「学校の授業はよくわかる」「学校の行事や体験活動に参加するのは楽しい」「学校の勉強は楽しい」「学校に行きたくないことがある」の項目から構成した学校満足度に影響する変数として友人関係・父母との関係、そして教師との関係について、アイデンティティを確立しはじめる小学校四年生から中学校三年生を対象に調査を実施した。この研究は二〇一〇年から二〇一二年度の文部科学省科学研究費（基盤研究Ｃ）の補助金を得て実施したものである。第４章から

第6章に研究内容を紹介した。

学校満足度を支える要因は、父親・母親への信頼感、友人への信頼感、そして担任教師への近親感であった。その上で、作成したアセスメント検査を基に個別に支援が必要な児童生徒を特定した。現場の教師とアセスメント検査の結果を照合して、この検査の妥当性を確かめた。さらに、クラス全員についての検査結果を一覧表にすると、学級がまとまっているクラス、学級経営が困難に陥っているクラスなどの実態が浮かび上がり、教師力が児童生徒の学校満足度に強く影響することを再認識することになった。「教育は人なり」のことばは今も生きている。しかし、今日では担任教師の仕事が多忙を極めるために、その負担を軽減して学校現場をどう変えるのがいいのかを、第7章と第8章に書き上げたのがこの本である。今後の学校教育の向上の一助となれば幸いである。

目次

1　今日の日本の学校教育における光と影

第1節　一九八〇年代に注目された日本の教育

第二次大戦後の経済的・社会的な大混乱時代、それを乗り越えて日本は目覚ましい経済復興を遂げ、一九八〇年代には世界第二位の経済大国にまで上りつめることができた。この繁栄を支えたのは、教育に熱心な親に育てられた戦前・戦後生まれの世代である。小さな島国が、経済大国となったことで世界の注目を集めることになり、その原動力として着目された一つが日本の学校教育である。

一九八〇年代になると、日本の学校教育をつぶさに観察し、分析する研究者がアメリカから来日した。まず、就学前の親の期待や保育者の行動を、アメリカ・日本・中国の三ヶ国で比較して検討したトービンら（Tobin, Wu, & Davidson, 1989）、日本に来日して幼稚園と小学校を中心にして観察したルイス（Lewis, 1995）、さらに高等学校を中心に分析したローレン（Rohren, 1997）である。これらの研究者は、アメリカの学校と比較して、日本の学校教育の何が優れているのかを探り出そうとしたのである。ルイスは日本の学校教育が優れている点は、①大勢のクラスの子どもを一人の教師がまとめて、指導案に沿って子どもの意見を取り入れつつ、流れるような授業をしていること、②一人の教師が学級集団のまとまりを利用して、多くの児童を高い学力水準にまで到達させていることを指摘している。そのなかでも着目したことは、学力面だけでなく、特に小学校については、③クラスの友だちに親切にすること、仲良くすることなどの協調的態度を養い、相手を思いやり、助け合うようにするために、時には自己主張を抑えてまで集団行動に導くような社会性を育成する仕組みが、学校生活のカリキュラムのなかにうまく組み込まれている点であった。

事実、日本の小・中学校では、日直当番、係りが決められていて、子どもたちがそれぞれ役割を担っている。学習活動や学校生活をおくるにも、班に分かれて学習し、校外での活動、掃除の分担も班ごとに分担することは、カリキュラムのなかに当たり前に組み込まれている。学級の一員として協力し合うことで、共に学び合い、他の人を思いやる心を育み、友情を深めるような学級運営の仕組みはアメリカにはない。

日本の親や保育者は、子どもがもつ個性を理解してはいるが、特に優れた潜在能力を伸ばすことよりも、友だちと仲良く遊び、協力し合う協調性や対人関係など社会性の側面が伸びることを期待しているとトービンらは見ていた。しかも、4歳児のクラスでさえ、当番が決められていて集団の役割を担っている日本の保育に驚きの目を向けていた。アメリカでは、自由・自立・独立・選択の自由と多様な経験を教育理念としている点では日本の保育理念とはかなり異なっていた。

ところが、ルイスが小学校教育で優れていると評価した人間の心を豊かにする人格教育について、高等学校を中心に観察したローレンは、アメリカの教育も大きな問題を抱えているが、日本もバランスが取れた教育をしているとは言い難いと鋭い観察をしている。彼は激化する日本の受験制度では、創造的な思考や表現力を伸ばす機会はますます減少し、生徒一人ひとりの異常性が目につくと言い切っている。彼はエリート校を目指す私立高校から典型的な公立高校、商業高校など5つの学校の実態を分析して、グローバルな未来社会に適応するには、中学校から高校にかけて、受験中心ではなく、もっと「学ぶ」ことを中心にすえた教育が、とりわけ日本には必要だと指摘している。日本の教育をアメリカの教育と比較したローレンは、日本の教育を次のように述べている。

日本の学校教育では定められた一定の目標や活動があり、ひいては社会的に是認された役割行動がある。このために、個人には、選択の余地がほとんど残されていない。日本の生徒が選択するのは懸命に勉強することである。彼らは一つのクラブに入り、わずかばかりの選択科目を選択する。アメリカの生徒たちのように一連の選択や新しい試み、そして個人的発見を通じて、たえず自己を見出すように求められることを、日本の生徒たちは期待されていない。彼らは、おそらく大学入試という厳しい挑戦に取り組むことを通じて、自己を発見するのであろうと述べている。

受験競争が特に激しい一九八〇年代を迎えた頃に来日したためであるが、人格教育が柱の日本の教育での問題点を対極から指摘したローレンの省察は的を射ていたと言わざるを得ない。

二〇〇八年に筆者は、カリフォルニア州サンディエゴ市のエジソン小学校を訪れたが、その小学校の概要と授業風景は以下の通りであった(今川、二〇〇九)。エジソン小学校の児童数は一年生から五年生までの約四百名であり、二種類の幼稚園(Kindergarten と Pre-school)が併設されていた。校長・副校長それぞれ一人、Pre-school 担当七人、Kindergarten 担当五人、一年生の担任六人、二年生の担任五人、三年生の担任六人、四年生の担任三人、五年生の担任五人、専門の支援教員九人、その他職員(用務員・運転手等)四人の合計五二人で構成されていた。専門の支援教員九人とは、読解専門の教師一人、親教育の専門家、スクールサイコロジスト等が含まれている。

カリフォルニア州では一年から三年までは、一クラス二十人が基準であり、担任一名とアシスタント一名で授業をする。エジソン小学校に通う子どもは、貧困なラテン系のアメリカ人家庭が八二%と多く(全米平均四八%)、アフリカ系アメリカ人家庭が十%(全米平均八%)、逆に白人の家庭は三%(全米平均三〇%)で少ない。その他、中国、韓国、ベトナム、フィリピン等、様々な民族が混在していた。サンディエゴ市は人口が一二三万人の都市であり、メキシコ国境に近いために、両親がスペイン語を話す家庭が九四%と圧倒的に多い。このため、英語で授業を進める前に、スペイン語と英語の二ヶ国語を話せることが教師の条件であり、スペイン語だけで授業を進めるクラスも設けられていた。

同じ学年でも学習の進度が異なり、一斉授業が困難なため、自分に合った課題を友人と一緒に学習していた。三〜四人の子どもたちが小グループで学習する円形や長方形の机が五〜六脚、教室全体にバランス良く設置されていた。一脚〜二脚の机では、二〜三人の児童が机を囲み、学習課題に取り組んでいた。座り込んで学習する子、寝そべって学習する子など、学習態度は様々であった。しかも、全米の平均以上に子どもの学習進度のバラツキが大きいために、児童の学習レベルをレベル一〜二十段階に分けて、習熟度に合わせて学べるように、教室の両側の棚に教材が用意されていた。二年生の国語（英語のリーディング）の授業クラスに、一年生のよくできる七人が一緒に授業を受けていた。午後からの社会・理科の授業は元の一年生のクラスに戻って勉強するのだと二年の担任教師から説明を受けた。テキサス州の小学校でも似たような授業風景を視察してきた。小学校の時期では子どもの学びの基底にある好奇心や興味を大切にして授業が実施されていて、教材を利用する子もいれば、パソコンを利用して調べる子もいて、一斉授業は日本と比較して格段に少なかったのが印象的である。

その一方で、筆者は高等学校と大学教育については、アメリカの理想とする教育を実践している学校を訪問した体験がある。二〇〇二年と二〇〇六年にアメリカのデラウエア大学を中心に、小・中・高等学校を訪問した。そのなかで、特に印象的なのはセイント・アンドリュース高等学校であり、アメリカの高校で上位十校に入ると説明を受けた。創設したのはナイロンの開発とその特許で大企業に成長したデュポン財閥である（今川、二〇〇三）。広大な敷地の近くには湖があり、校舎はレンガ造りの重厚でクラシックな建物であった。ロビン・ウイリアムズが主演をした映画『いまを生きる（Dead Poets Society）』はこの学校で撮影されている。この高校に入学するための基準は、「意欲」「関心」そして「能力」の、そのどれもが卓越しているのが条件であり、この基準を

図 1-1　セイント・アンドリュース高校（哲学の授業風景）

満たす生徒を優先的に入学させている。経済的に困難であっても成績優秀である場合には、その費用の全額または半分以上を学校が負担することになっている。アメリカの教育では卓越した能力、意欲、関心を備えた生徒を発掘して育てることに、いかに力を注いでいるかがこのことから分かる。

一クラス十人程度で授業は進められていた。視察した時に、あるクラスでは哲学の授業が行われ、テーマは「ジェンダー」であった。授業とは言っても、自由に意見を出し合う討論形式の授業であった。図１・１は哲学の授業風景を同行の吉津（二〇〇三）が写したものである。吉津はこの時のことを、「アメリカの学校がいかに個人を生かすための教育的援助に徹底的な専門性と多大なエネルギーを注いでいるかということ、さらに高い知力を持つ生徒に対してもそれが保障されていることを痛感した」と述べている。

また、アメリカの大学で博士号を取得した恒吉（二〇〇八）は、日本の学校教育、とりわけ就学前教育と初等教育は、頭脳だけでなく、心を育てる全人教育であり、この点は誇ることができると言う。今日、教育とすべきは狭い知性では不十分であり、対人関係を含めた広い能力を射程に入れることが本当の意味でその子どもを伸ばすことに通ずるとする国際的議論に合った面を、日本の教育が元来もっているとまで述べている。

日本では、狭い意味での「勉強」だけでなく、仲間との対人関係、集団への所属感などの人間形成に関わる条件整備（学級づくり）こそが、広い意味で学力の土台をつくると考えられてきた。確かに、狭い意味での知的能力ではなく、学習意欲、持続力、表現力、コミュニケーション力を含めた能力が求められてきている。教育界ではベストセラーになったゴールマン（Goleman, 1995; 邦訳、一九九六）の提唱したＥＱ（こころの知能指数）は、日本が伝統的に培ってきた能力である。彼は「社会適応して成功するのに必要なのは、ＩＱではなくてＥＱである。知能指数が高いほど学校の成績がよく、教師から評価されることが多い。しかし学校で勉強ができることや知能指数が高い学生が必ずしも卒業して社会に出た時に成功するとは限らない。むしろそれ以上に、自分の感情を抑制する能力、人と協調する能力、責任感などの社会的能力が重要である」と述べている。

筆者はこのＥＱが出版された時期に、四年間にわたって一宮市の教育委員を引き受けた。教育委員になると、議会での承認を受け、教育委員として毎月の会議に出席する。新任教育委員に対する研修会が最初に開催されるが、筆者は金沢市で研修を受けた。ゴールマンの『こころの知能指数』が出版された時期と一致していたために、まさに日本の学校教育が目指した人格教育と軌を一にしていることで、アメリカから高く評価されたＥＱを歓迎する声を学校教育関係者からあちこちで聞かされ、改めて日本の学校教育の核となる部分を再認識したことを思い出しながらこの本を執筆している。このＥＱ（こころの知能指数）は、グローバル化した社会でも重要と考えられるが、残念ながら今日の日本の学校教育の実態は、理想的とは言えない状況に陥りつつある。この点については、第6章の研究から実証的データを基に述べたので、詳しくはその章を読んで欲しい。

とりわけ小学校ではその理想の実現は一人の教師による学級経営力の如何に左右されてしまう。教師の学級経営がうまく作用する場合は、協調性や思いやりを伸ばすことができる学級集団になって、児童一人ひとりの学業を伸ばし、人格形成にプラスに作用する。しかし、その一方で、学級集団内で異なった小集団がつくられ、それぞれの集団での凝集性が高くなると、集団内で仲間への同調プレッシャーは高くなり、異質性は排除されやすくなってしまう。このため、異なる意見や考えは潰されてしまい、クラスメートに自己主張ができない学級になってしまい、居場所をなくす子どもが生まれる危険性をはらんでいる。しかもその仲間集団ですら、些細なことで力のバランスを失うことをきっかけとして、仲間外れから深刻ないじめに発展してしまう。また、教師の学級経営力が低下すると、学級の秩序はなくなり、授業は成り立たなくなり、学級崩壊に陥ってしまう。クラスの学業成績は下がり、いじめが発生しやすくなり、不登校の児童生徒が多くなることを河村（二〇〇六）は指摘している。日本の学校教育が改善されるかは、今日の学校現場が直面している学級経営のマイナス面をどう解決するのかにかかっている。

第２節　学力が均質的に高い日本の生徒

ＯＥＣＤによる国際学力比較調査は、参加国が共同して国際的に開発し、一五歳児を対象として学習到達度調査を実施したものである。二〇〇〇年に最初の本調査が行われ、以後三年ごとのサイクルで実施されている。二〇〇三年の調査は第二サイクルとして行われた調査であり、読解力、数学的リテラシー、科学的リテラシーの主要三分野が対象になった。二〇〇〇年の調査では三二ヶ国の参加であったが、二〇一二年度には六五ヶ国が参加するまでになった。

この調査では、義務教育修了段階の一五歳児が到達した知識や技能を、実生活の様々な場面で直面する課題に、どの程度活用できるかどうかを評価したものであり、特定の学校のカリキュラムがどれだけ習得されているか比較したものではない。思考プロセスの習得、概念の理解、および様々な状況で習得した能力を活用する力を重視した調査である。二〇〇〇年度から二〇一二年度までの推移をみると、参加国数が増えたこともあり、日本の順位は低くなってきているが、どの時点でも参加国中十位以内に入っている。二〇一二年度の調査では、参加国全体の八位であったが、成績が高いレベル五以上（レベル六が最上位）が多く、レベル一以下が少なくなっている。

科学的リテラシーとは、「自然界及び人間の活動によって起こる自然界の変化について理解し、意思決定するために、科学的知識を使用し、課題を明確にし、証拠に基づく結論を導き出す能力」である。参加国中どの調査時点でも二位から六位を保ち、数学的リテラシーと同様に、成績が高いレベル五以上が多く、レベル一以下が少ない結果になっている。

読解力とは、「自らの目標を達成し、自らの知識と可能性を発達させ、効果的に社会に参加するために、書かれたテキストを理解し、利用し、熟考する能力」である。三つのリテラシーのなかで低いと言われてきた読解力についても、二〇〇九年以降には成績が向上してきている。レベル五以上が多くなり、レベル一以下が少なくなってきている。国際比較の順位が向上した背景に、学校全体で朝の読書時間を設け、新聞の活用運動を展開し、しかも下位の生徒に対する学習支援の補助員をつけて手厚く支援する教育政策の効果が現われてきたことがある。

数学的リテラシー、科学的リテラシー、読解力の三つのリテラシーについては、日本の生徒は高い学習到達度であるが、その他の側面を詳しく検討すると、興味や関心、動機づけ、自己効力感は他の国に比較して極めて低いという憂慮すべき実態が浮かび上がってくる。

筆者が関わっている一宮市の教育委員会では、教育目標の達成度を測る指標として、児童生徒の確かな学力、豊かな心、健やかなからだ、未来に生きる力、そして学校に対する誇りに関する意識調査を実施してきている。二〇一三年からは、豊かな心育成プランの指標に「自分にはよいところがある」を加えて自己肯定感を測定する項目が入ることになった。二〇一三年度では、「自分にはよいところがある」の質問に「思う」と答えたのは、小学生（一年から六年）は四〇・〇％で、「どちらかといえば思う」を含むと七六・九％であった。中学生（一年から三年）では、「思う」は一六・九％で、「どちらかといえば思う」を含むと五九・五％であり、小学生よりも自己肯定感は低くなっている。二〇一四年度では、「思う」と答えた小学生は四〇・二％で、「どちらかといえば思う」を含むと七六・〇%が、中学生は「思う」が一八・六%、「どちらかといえば思う」を含むと六〇・〇%で、中学生ほど自己肯定感が低くなり、調査年度による差はほとんど見られない。愛知県の小学五年生・中学二年生・高校二年生を対象にした二〇一四年度の調査では、「わたしはよいところがある」の質問に「よく当てはまる」は、小学五年生（三二・〇%）・中学二年生（二二・八%）・高校二年生（一九・八%）である。「どちらかというと当てはまる」を含むと五年生（七八・〇%）・中学二年生（六五・八%）・高校二年生（六六・六%）と小学生よりも中学生が、しかも学年が上がるほど低くなっている。

一方、「人に親切にしたいと思う」との質問項目については、二〇一四年度調査で、「思う」と答えた小学生は七七・六%、「どちらかといえば思う」を含むと九六・九%、中学生でも「思う」は六六・八%、「どちらかといえば思う」を含むと九五・六%であった。人を思いやる心は十分に持っているものの、自分への自己肯定感が十分に育っていないと解釈せざるを得ない結果となっている。

人に親切にしたい、約束やきまりを守ることは大切であると考えている児童生徒が多いにもかかわらず、今日の青少年の調査結果からは、ルールを守らない・社会的なマナーが身についていないなど社会的規範意識が低い青少年が多いと指摘されている。二〇一四年に次期教育振興基本計画の資料として実施された愛知県の世論調査（一、四四三人対象）では、学校に望むことについて「いじめや不登校のないこと」と答えた割合が五五・三%で最も高く、続いて「魅力ある授業や分かりやすい授業を行うこと」が五三・一%であった。「社会に役立つ人材を育てること」は二六・三%で低い。そして、子どもの将来のため、県が力を入れるべき教育分野では「道徳教育」と答えた割合が五四・五%で最も高く、続いて「学力の育成」が二八・一%、「キャリア教育」が二七・四%である。県民の半数以上は「いじめや不登校」への対策、「道徳教育・社会教育の充実」を最も望み、学校現場で人格教育を核として学校教育が行われてきているものの、有効な対策になっていない実態が見えてくる。この原因を探るにあたって、日本は教育立国と言われたほど子どもの教育に熱心な国であり、高い学力水準を保ち続けたこのルーツを辿りながら、何が変化したのかを探ることにした。

第3節　均質的に高い学力を支えた日本の教育のルーツを求めて

既に江戸時代から、日本では身分の違いはあったが、教育には熱心であり、一般大衆の識字率は欧米と比較しても高かったことはよく知られている。各地の大名が治める藩では藩校で武士の子弟の教育が行われ、庶民の教育は十から二十人規模の小さな寺子屋で行われていた。寺子屋ですら、文字の読み書きなど基礎的な学力だけでなく、日常生活でのしつけから社会生活に必要な知識・教訓・教戒をも教えていた（市川・石山、二〇〇六）。農村では農地を所有する庄屋、漁村では網元、そして商いを引き受ける商人達は、家訓をつくりそれぞれの家が繁栄するように子孫の教育に心を配っていた。このため、士農工商と言われた身分の差はあるものの、家庭のしつけは欧米に決して劣ることはなく、むしろ優れていた。

しかし、欧米列強から開国を迫られ、江戸幕府は開国に踏み切り、大政奉還によって天皇制へと大きく社会体制が変化することになった。明治維新の後に成立した日本政府は欧米列強の植民地にされないように、自立した近代国家を目指して、工業化、西欧の近代文明を早急に導入する必要に迫られていた。早急な近代化、工業化を推進するためには、学校教育を近代化することが最も重要な手段の一つであった。このために、全面的に西洋的な学校教育制度に改め、一九世紀の末には、完全に日本の社会に定着させたのであった。まさに、「教育革命」と言えるような事業を成し遂げたのであった。日本の学校教育の歴史について、天野（一九九六）は次のように述べている。

欧米諸国をモデルにして、早急に近代化を推進させようとする政府が導入した新しい近代的な学校教育制度は、民衆の自発的な努力によるものではなく、国家が自らの責任で意図的、計画的に創出したものである。文部省は、新たに建設されるべき学校教育制度の骨組みだけでなく、個々の学校の備えるべき施設設備、学級編成、さらにはカリキュラムや教育内容まで細かに定め、指示した。近代的な学校がいかなるものであるのか、民衆の側に十分な知識もない以上、それはやむをえないことであったが、日本の近代学校教育制度は発足の当初から、中央政府＝文部省の強い統制下におかれることになった。初等教育、中等教育のカリキュラムは全国一律に定められ、一九〇〇年代以降には、小学校の教科書は国定の一種類に限定された。全国どの小学校でも同じカリキュラム、同じ教科書で子どもは学習をした。小学校の学級規模も、教室、校舎等の施設設備も、学校による違いはきわめて小さなものであった。

欧米列強に追いつくために、学校教育制度だけでなく、教育課程、教育行政全体を中央集権化し、教える教師の質を高くするために師範学校制度を導入した。教師を養成する師範学校制度とは、経済的な理由で進学を断念せざるを得ない優秀な人材であれば、師範学校を卒業した後に教職に就くことを前提にして、学費や教材は無料で入学できる制度である。しかも、師範学校に進学し、高等師範学校、さらには帝国大学に進学する道も開かれていた。全国各地から優れた人材が師範学校に入学し、優れた教師となったことは明治・大正・昭和の日本の学校教育を質的に高めることにつながった。

戦後生まれの筆者が師範学校制度を身近に感じたのは、皮肉にも二〇一〇年と二〇一二年の二度にわたって学校心理士の研修で台湾を訪れた時のことであった。日清戦争に勝利し、日本は清国から賠償金を得るとともに、賠償金の一部として台湾を譲り受けた。そして、第二次世界大戦後まで植民地として占領統治したが、この台湾を統治するために導入した政策の一つが師範学校制度である。第二次世界大戦後、ＧＨＱ（連合国軍最高司令官総司令部）によって日本の師範学校制度は廃止させられたが、台湾では国が計画的に教師を養成する師範学校制度を、第二次世界大戦以後の一九九二年までの約五十年の間にわたって施行してきた。教員養成に要する費用はすべて国が負担し、卒業後は教員として就職し、国家公務員としての身分が保障されていた。筆者自身が二〇一〇年に台湾の国立台北教育大学を訪れた時には師範学校制度は廃止されていたが、まだ教員の質は高く、不登校や自殺の実態を関係者から報告を受けたが、校内暴力はほとんどないと聞かされた。しかし、日本から訪れた我々に対して、説明にあたった大学のスタッフからは、いずれ二十年後には日本が抱える学校現場の問題を台湾の学校も追うことになると将来を危惧した発言が飛び出した。

第４節　自己主張を抑え、同調傾向が強まる今日の子どもたち

相手への気持ちを察すること、共感することは大切であり、育てるべき特性であるが、自我が未熟な段階ではマイナスの側面も併せもつことを心に刻む必要がある。親に従順で依存性が強すぎると、自立心が育ちにくい。受験戦争が激化し、幼少期から塾通いをする素直な子どもたちを、城山（一九八二）は小説『素直な戦士たち』の中で著している。長男の東大合格を目標に掲げ、母親は出産時から幼少期、そして児童期まで親としてできうる限りの努力を尽くし続けたが、結局受験で失敗し、押しつぶされていく長男の姿を描いている。親の期待を受けてよい子を演じた子どもが、思春期から自分自身の目標を見失い自立に失敗することをメッセージとして「よい子が危ない」という文句が使われ、子どもへの期待の押しつけに警鐘が鳴らされはじめた。親の期待のみならず、教師の指導に真面目に応え努力して、期待されるように努力する「よい子」のなかに、無理に自己主張を抑えて「よい子」を演ずることに息切れをしてしまい、学校不適応に陥ってしまう子が出現したためである。

ベネッセ教育研究開発センター（二〇〇五、二〇一〇）の子ども生活実態調査では、小学生・中学生・高校生の多くが、仲間との付き合いは楽しいけれど仲間はずれを気にし、仲間から浮かないように気遣う日々を過ごしているという結果を報告している。この調査（表1-1）では小学四年生から小学六年生に「友だちといつも一緒にいたい」「グループや仲間同士で固まっていたい」「仲間はずれにされないように話を合わせる」「友だちと話が合わないと不安に感じる」は男子より女子が高いが、男子では二〇〇九年の調査時点の方が同調的態度や行動が高まっている。

　中学生は中学一年生から三年生を対象にしているが、二〇〇四年と二〇〇九年の両方で「グループの仲間同士で固まっていたい」「仲間はずれにされないように話を合わせる」「友だちと話が合わないと不安に感じる」は三六％から五五％とかなり高い。青年期になると、次第に親からは心理的に自立し、アイデンティティを確立する時期に

表 1-1　小学生の友だちとのかかわり（ベネッセ，2010）

	小学生全体			男子			女子		
	2004 年（4,240 名）		2009 年（3,561 名）	2004 年（2,172 名）		2009 年（1,814 名）	2004 年（2,062 名）		2009 年（1,745 名）
友だちといつも一緒にいたい	81.8		85.3	77.9	<	82.9	86.1		87.9
違う意見をもった人とも仲よくできる	70.1		74.9	68.4	<	75.2	72.0		74.7
友だちが悪いことをした時に注意する	60.0	<	65.3	57.6		62.2	62.4	<	68.5
年齢や性別の違う人と話をするのが楽しい	53.2		54.5	47.2		49.8	59.6		59.6
グループの仲間同士で固まっていたい	46.2	<	52.5	47.4	<	56.7	45.0		48.3
仲間はずれにされないように話を合わせる	46.7		51.6	44.6	<	50.4	49.0		52.9
友だちと話が合わないと不安に感じる	46.9		47.0	42.2		44.5	51.9		49.4
友だちとのやりとりで傷つくことが多い	—		27.1	—		25.7	—		28.8

注 1)「とてもそう」+「まあそう」の%。
注 2) <>は5ポイント以上差があることを示す。

入るが、日本の中学生では独立的自己の形成は弱く、仲間と相互依存的自己が強い傾向にある。

学校で仲間と強調し同調的に振る舞う傾向が強いのは、周囲との和を重んずる昔からの日本の文化的・社会的風土が背景にある。この風土は親を通してしつけの基盤となり、暗に自己主張を抑えるように作用するため、「よい子」として振る舞うような性格が形成されやすい（北山・唐澤、一九九五）。しかも、仲間と協調すること、集団行動がとれることは学校での「学級づくり」をするのには重要なことである。親や教師の期待に応えて振る舞う「よい子」のなかに、自己主張を抑えて「よい子」を演ずることに息切れを起こして、学校不適応に陥る子がいるために「よい子が危ない」との警鐘が鳴らされてきた。せっかく、親や教師の期待に応えて懸命に「よい子」を演ずる子どもたちの努力が実らない状況に陥るのは、何が問題なのかを探るために、今日の学校教育や家庭教育の落とし穴を問い直す必要がある。

表 1-2 中学生の友だちとのかかわり（ベネッセ，2010）

	中学生全体			男子			女子		
	2004 年（4,550 名）		2009 年（3,917 名）	2004 年（2,278 名）		2009 年（2,012 名）	2004 年（2,254 名）		2009 年（1,896 名）
友だちといつも一緒にいたい	78.2		77.8	73.2		76.2	83.3		79.6
違う意見をもった人とも仲よくできる	71.4		73.7	70.9		73.1	71.9		74.2
友だちが悪いことをした時に注意する	49.7		54.5	44.5	<	50.2	54.9		59.2
年齢や性別の違う人と話をするのが楽しい	51.2		53.6	46.2		49.2	56.0		58.0
グループの仲間同士で固まっていたい	51.9		50.9	51.6		54.8	52.0	>	46.9
仲間はずれにされないように話を合わせる	43.3		44.4	41.9		46.3	44.6		42.4
友だちと話が合わないと不安に感じる	41.0		36.1	36.6		35.6	45.3	>	36.8
友だちとのやりとりで傷つくことが多い	—		24.4	—		20.3	—		28.6

注 1）「とてもそう」+「まあそう」の%。
注 2）<>は 5 ポイント以上差があることを示す。

第５節　日本における学校教育の影の部分

１　いじめの実態とその件数

一九九四年一一月二七日深夜、愛知県西尾市の市立東部中学校２年の大河内清輝君（一三歳）が首吊り自殺をした。姿の見えなくなった息子を探していた母親（当時四四歳）が彼を発見した。死後、遺書が見つかり、大河内君に対する悲惨ないじめの事実はニュース等マスコミによって報道され、社会に大きな衝撃を与えた。大河内君は仲間から暴行を受けていただけではなくお金を脅し取られ続け、誰にも相談できずに命を絶ってしまった。

いじめによる自殺が報道され、社会問題化するなかで、文部科学省は二〇〇六年十月に、いじめを、①自分より弱いものに対して、②一方的に、身体的・心理的な攻撃を継続的に加え、③相手が深刻な苦痛を感じているものと定義し、個々の行為がいじめにあたるか否かの判断は、表面的・形式的に行うことなく、いじめられた児童生徒の立場に立って行うことに留意する必要があることを、初等中等教育局長を通じて全国の都道府県、市町村教育委員会に対して「いじめの問題への取組の徹底について（通知）」で表明し、いじめの基準を新たにした。これにより、二〇〇五年度のいじめの認知（発生）学校数は小学校二、五七九件、中学校三、五三八件、高等学校一、二二三件であったのが、二〇〇六年度の小学校一〇、九八二件、中学校七、八二九件、高等学校三、一九七件と急増したのである（文部科学省、二〇一四）。

急増した認知件数の意味を正しく受け止める必要があると、滝（二〇一四）は彼自身の調査結果を分析して冷静に論じている。認知件数が増加したのは、学校が積極的にいじめを認知しようと努力した結果であって、実際にどこまで各学校が認知しているのか依然として疑いが残ると述べている。その根拠として、大都市近郊の小学四年生から中学三年生までを対象にして、匿名性を配慮した質問紙調査を実施した結果からは、いじめは急増も急減もしていない。しかも、小学校四～六年生の男子は四五％前後、女子は五〇％強、中学校一～三年生の男子は三〇％強、女子は四〇％前後が「仲間はずれ、無視、陰口」の被害を経験していた。それでも年によって急増したり、急減することは認められないと滝は述べている。

筆者は大学の講義で、小・中・高校時代のいじめを振り返り、レポート課題としていじめの体験とその対処について、学生の報告から実態把握を長年にわたって実施してきた。ここに紹介するのは、学生のレポートをまとめたものである。レポートのため、匿名性は低いが、「身近でいじめが生じている」と認識していたものを含めると、三〇％近くが何らかの具体的な体験を書いている。多い時は五〇％を超えることもあった。ここに紹介するのは、筆者がその学生のレポートをまとめたものである（今川、二〇一一）。

Oさん（一九歳）の家族は父親、母親、本人、妹二人、合計五人である。山村部で生まれ、両親は共働きであった。祖父（母方）の入院を契機に、母親は看護のために退職し、その後、看護による肉体的疲労で体調を崩してしまった。父親の給料では十分でなく、生活がかなり困窮しはじめた。父親からお金がもらえず、学校教育費の支払いが遅れ、ホームルームでの教師からの催促や黒板に名前を書かれたことによって、クラスメートに生活の貧しさが知れわたっていった。このことを契機に、彼女は中学一年の後半から卒業までの約二年半、仲間はずれと陰湿ないじめを体験した。

……知らないうちに、ロッカー内の鞄や冬のコートに水のりがべったりと塗られ、ロッカーの名前が真っ黒に塗り潰されていたり、消しゴムのかすやチョークを投げられ、仲間はずれにされて、「貧乏、くさい、こっちに来たらぶっ殺すぞ、お前の顔を見っと吐き気がする。この世から早く消えろ、先生さチクッたらいいが死ね、おまえなんかもう学校に来んな」との言葉による暴力を受けた。中学二年生になると、自分を庇《かば》ってくれた担任の先生へのいじめや私に対するいじめが益々エスカレートし、担任の先生の授業になると、その前の休憩時間に黒板一面を真っ赤にチョークで塗り、黒板消しを入口のドアにはさみ、授業始まりの挨拶もしなかった。………みんなは私を避け続け、見て見ぬふりの傍観者が増え続けていった。クラスのなかに、私をかばってくれる人など誰もおらず、「やめろ」と叫んだとしても、おもしろがっていろんな仕打ち、言葉の暴力がはね返ってくるばかりだった。もう「からだ」も「こころ」もぼろぼろ、ご飯ものどを通らない。もう私の人生ずたずたにされて、朝になると涙がいっぱいあふれ落ちて、ふいてもふいても涙が止まらない、とうとう学校に行けなくなった。……

彼女は、不登校になった直後から、栄養不良のため二ヶ月間、町立病院で、毎日点滴による治療を受けていた。父親が原因で生活が困窮し、このために父親を憎み恨んでいたが、学校に行けない彼女に対して、「死ぬ思いまでして学校に行くことはない、ゆっくり蒲団に入って心を休めろ」と言ってくれた父親のその一言によって、父親の人間としての優しさを感じ取った。そして、家族の思いやりが彼女の心の支えとなって、気持ちの安定を取り戻していった。次女も中学一年生からは不登校、そして閉じこもり、昼夜逆転生活を送っていたと書いていたが、「現在は美容師の学校へ通い、驚くほど明るくなりました」と筆者に話してくれた。

次に、いじめに関する男子生徒からのレポートから、紹介する。Ｉは小学校時代を振り返り、「ウザイ、キモイ」とのことばが広がり、いじめのターゲットは周囲から浮いていた子ばかりでなく、何も反抗することができない子、勉強が特別にできる子、先生と特別仲がよい子も対象になったと述べている。Ｍは中学時代にいじめられている子に対して、何もできないでいた気持ちを素直に表現している。

……中学校時代に体験したいじめは、「俺はあいつが気にくわない」という理由で発生した。いじめをする人物に目をつけられると、周りの人も自分が虐められる側にならないように、いじめを止めることはなく、見て見ぬふりをしてしまう。教室で何もしていない生徒が目をつけられ、殴る、蹴るという暴力行為が行われた。特に体育の時間は男子だけになるためにひどかった。同じ人（加害者は決まっていた）が、同じ人物（被害者も決まっていた）を対象に、繰り返しいじめ行為を行った。暴力行為のパターンは2、3パターンあり、日ごとにローテーションさせて、1パターンづつ暴力行為が行われた。その光景を見ていて心が痛んだ。教師も感づいていただろうが、それに対処することは、私が知る限りではなかった。そんな状況の中で、何とかしようと思い、体育の前に学級代表の係という名目で「早く行って！」と暴力を受ける前に被害者を教室外へ出したり、加害者・被害者が同じ教室にいるときは、周りに気付かれないようにいじめられる子を教室外へ連れ出したことがあった。もっといい方法があっただろうが、あの場でできる最大限の方法であったとおもう。……

Kは中学校時代の体験を次のように回想している。

……私の卒業した中学校は、かなり荒れていた。力に訴えるもの、陰湿なものなどいじめがあった。私が入学した当時は、8年前のひどい校内暴力がおさまり、再び荒れだしたことを学校側は必死で隠そうとした。学校だけで何とかしようとするため、焦りと内外での対応の違いがでてきて、どんどんエスカレートしていった。不良と言われる人ほど、裏表のある態度や、ひいきに敏感だからである。警察沙汰になっても、全治1ケ月のけが人が出ても、2クラスに1人は不登校児がいても隠し続けていた。しかし、一時意識不明になった教師が出るにあたって、新聞に嗅ぎ付けられ、表沙汰になってしまった。その時だって、教師が動転していて、一度追い払った新聞記者がまだ隠れていたのに気付くのが遅れて、もみ消しに行ったのが間に合わなかっただけという、徹底した秘密主義で地域との連携など何もなかった。もちろん地域の人も県教育委員会も知っていたが、学校が閉鎖的だと手が出しにくいのだと思う。とにかく次の年には、校長とかなりの教師がかわり、地域と協力して解決に向かい始めた。これは、前の校長が悪いというのでなくて、8年前の校内暴力がやっと収まり、良くなったといわれる時期に来て、そこで問題が起きれば責任問題になるから、内輪で解決したいと思うのは仕方ないことだと思う。世間に知られた後にその解決のために赴任した校長先生であるなら、問題を前面に出して、正面から取り組むことができる。いじめの問題は学校が閉鎖的になることであると思う。……

以上、日本のいじめの実態を述べてきたが、滝（二〇〇五）は国際的ないじめ調査研究に関わり、日本のいじめは海外のいじめ（bullying）とは異なっていることを指摘する。もともと英語の bullying は、日本なら暴力行為を表現する語であるが、日本でのいじめは「校内暴力」が沈静した直後から認知されはじめた用語で、あからさまな暴力行為は含まれず、区別して使われてきた。定義上では、日本のいじめは欧米の「girls' bullying」「indirect bullying」を用語として当てはめて使ってきた。ただし、日本のいじめが決して弱い暴力行為を意味するものではなくて、身体的苦痛以上に精神的苦痛は、いじめられる人の人間性をズタズタに傷つけてしまうことは、前述した学生の体験事例が証明している。

滝（二〇一四）はいじめを、①集団内の構成員が互いに対等であるような立場で、②誰が加害者か被害者かに気づかぬままにいじめが深刻なものに進行し、③些細ないじわる行為や否定的な態度であっても、被害者がその集団から抜け出せない状況のもとで、長期間にわたって繰り返し曝され続けることで深刻な苦痛をうけることと定義している。今日ではこれまで仲間としてつき合ってきた仲間から、些細な力のバランスが崩れることで、一方的にいじめを受け続けることになる。そして、教師に知られないような場所でいじめがエスカレートしていく。

ではどのような対処の仕方が有効であろう。滝が述べるように、海外のいじめ介入プログラムをそのまま日本に導入しても、教育制度、学校風土の違いがあるため必ずしも効果的ではない。いじめは勉強がストレッサーであり、友人もストレッサーになっている。その背景には、友人関係を巡る仲間とのつき合い方が一九五〇年代から一九七〇年代までとそれ以降で変化が生じてきていることがあると筆者は感ずる。それは一言で言えば、身体・感覚・思考を使った自然体験や生活体験の欠如からくる未熟性であると思われる。仲間関係については、一九七〇年頃まで、小学校高学年の児童たちは学校から帰宅すると、気の合う仲間が集まって、強く結束した集団をつくった。このような集団は大人たちからの干渉を排除し、仲間同士の掟《おきて》や秘密を共有することが多かった。結束力が強いために、約束を忠実に守り、仲間としての義務や責任が要求された。ギャングたちのように集団の結束が高く、掟や秘密を共有する特徴があるため、発達的にこの時期をギャングエイジと呼んできた。このようなインフォーマルな仲間関係を体験することで、子どもたちは大人社会のつき合い方を疑似体験して仲間とのつき合い方を学び取っていった。一九七〇年代頃までは子どもたちが暮らす地域には、遊びの空間が豊かに広がっていた。林や田畑、都市部でも空き地や路地があり、廃材置き場・工事現場のような乱雑な空間も、まだ遊び場として利用できた。

仲間づきあいの体験を豊かにするには、これまで大人社会が奪ってきた地域での安心できる自然体験や生活体験の場を復活させて、自発的な体験活動を豊かにすることが必要である。そして、学校教育では学業面でも、仲間との人間関係でも、学外活動であっても、自分の存在を意味のある存在として感じられるような自己肯定感を高めるように育てることが大切になると筆者は考える。

2　不登校について

文部科学省は不登校を「何らかの心理的、情緒的、身体的あるいは社会的要因・背景により、登校しないあるいはしたくともできない状況にあるため年間三十日以上欠席した者のうち、病気や経済的な理由による者を除いたもの」と定義している。文部科学省（二〇一四）の調査によると、一九九五年度から急に増加して二〇〇一年度には不登校の児童生徒数は一三八、七二二人と最も多くなっているが、その後、中学校は減少傾向、小学校は横ばいで推移している。二〇一二年度には、小学校児童の〇・三％（二一、二四三人）、中学校生徒の二・六％（九一、四四六人）が不登校に該当している。高等学校の実態は、逆に増加傾向にあり、しかも不登校生徒の三分の一が中途退学になっている。

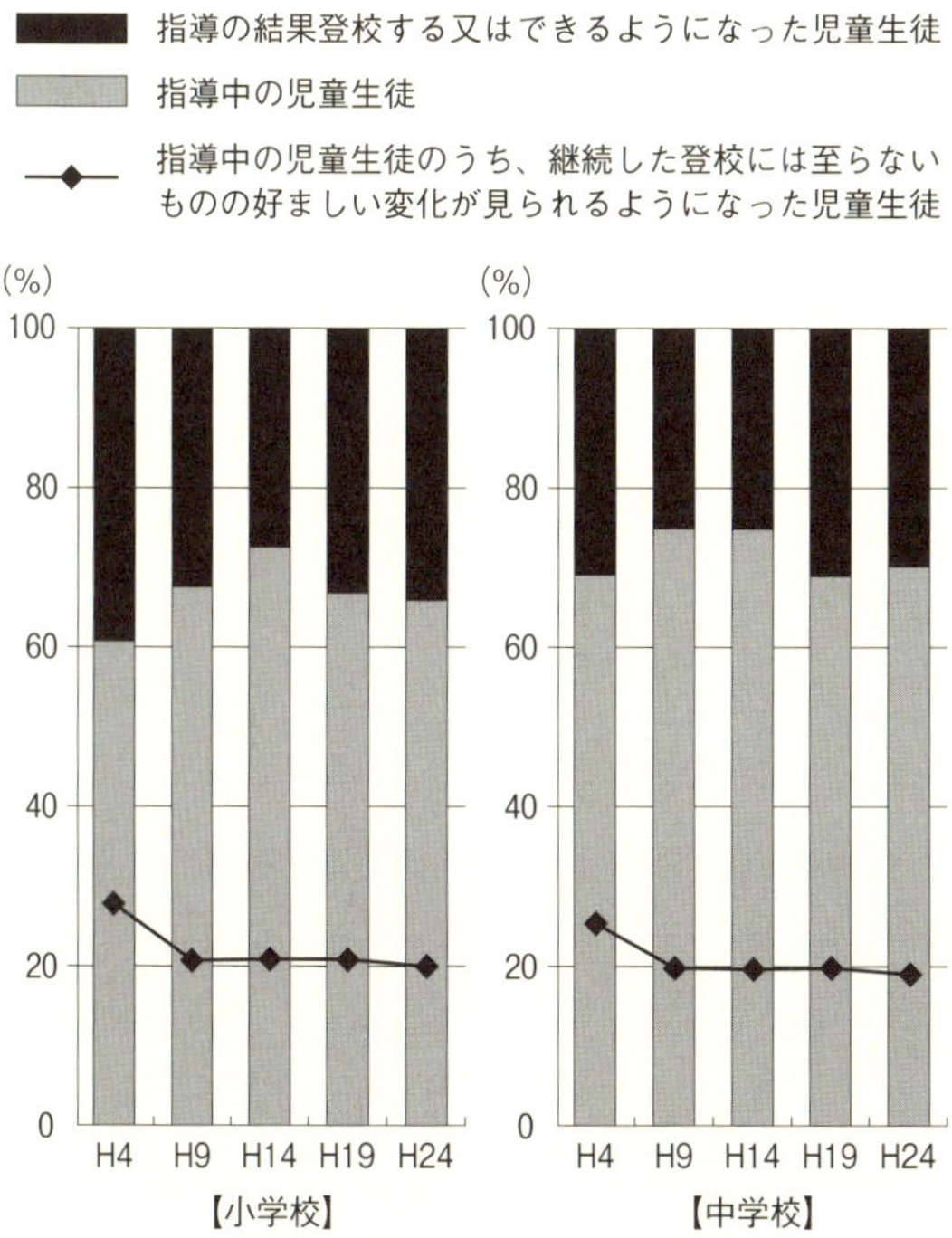

図 1-2　不登校からの復帰（城戸，2014）

登校できるようになる効果的な働きかけは、①登校を促すため、電話をかけたり、迎えに行く、②家庭訪問を行い、学業や生活面での相談にのることであった。その結果、図１‐２のように、ほぼ三〇％は登校できるようになっている。中学校ではスクールカウンセラーの専門的な指導や保健室登校、適応指導教室、小学校と中学校の連携と指導が効果的である。不登校になったきっかけの内で、小・中・高等学校全体で「無気力」および「不安など情緒的混乱」が最も高く、次に「いじめを除く友人関係をめぐる問題」「学業不振」が高い。そして、小学校では家庭の問題としての「親子関係をめぐる問題」が高く、「遊び・非行」は中・高等学校が多い。

不登校の状況のさらなる改善を図るためには、学校に関わる状況で不登校のきっかけの上位を占める「人間関係をめぐる問題」と「学業不振」に焦点を当てて、人間関係づくりや「分かる授業」を実施して、不登校にならないような学校づくりを進めることが重要である（城戸、二〇一四）。

一方、教育社会学の視点に立脚して、森田（二〇〇三）は不登校が増加した背景として、日本社会の深層を流れる大きな社会の変化とそこに生きる人々の意識の変容があり、人々の関心が「私」という個人の存在を大切にし、自分に素直なライフスタイルを築き上げつつ、自分にとって意味ある人生を過ごしたいとする「私事化」の価値観に向かったことと関係すると述べている。このために、子ども自身が学校生活に自分らしさや意味を感じることができなくなると、子どもと学校を結びつけている「つながりの糸」はますます細くなる。一九八〇年代から、学校に「行きたくても行けない」状態から、近年では「行く気が起こらない」「行って何になる」など意欲減退的な登校回避感情の占める比率が増加してきている現状を踏まえ、学校社会がどれだけ子どもの学ぶ意味に応えられる教育内容を用意できるかにかかっている。それは親や地域の人々を含めて家庭や自分が住んでいる地域の一員として「自分が役立っている」という社会的な有用感を育むことにある。このため学校では地域社会とのつながりを大切にして、不登校を「心の問題」から「進路形成の問題」として取り組む姿勢が大切になる。不登校児の追跡調査の結果から、中学卒業時に「仕事または学校」に進学した生徒は、その後の五年後に、八割から九割近くが「仕事または学校」に所属している状態であった。しかし中学卒業時点で、「仕事・学校なし」であった場合には、ほぼ半数が「仕事・学校なし」の状態が続いている。仕事であれ、学校であれ、どこかに所属することが次の状況を連鎖的に関連させる結果につながる（森田、二〇〇三）。

人格教育を核とした日本の学校教育の影の部分にいじめや不登校が挙げられるが、これは学校教育だけの問題ではなくて、社会変動によって家庭教育や地域社会の教育力が低下した結果によるものである。このため、昔の日本社会における家庭教育や地域社会で育まれた教育とは何かを次の章で取り上げることにする。

参考文献

愛知県教育委員会　二〇一五　平成二六年度第三回県政世論調査（抜粋）　平成二六年度教育に関する事務の点検・評価報告書―「あいちの教育に関するアクションプランⅡ」　一七一―一八三頁

天野郁夫　一九九六　第二章　教育発展の光と影　天野郁夫著　日本の教育システム―構造と変動―　東京大学出版会

Benesse 教育研究開発センター　二〇〇五　第一回子ども生活実態基本調査報告書（小学生・中学生・高校生を対象に）　ベネッセ株式会社

Benesse 教育研究開発センター　二〇一〇　第二回子ども生活実態基本調査報告書（小学四年～高二生を対象に）ベネッセ株式会社

Goleman, D.　1995　*Emotional intelligence.* New York: Brockman.（土屋京子（訳）一九九六　EQ―こころの知能指数　講談社）

市川寛明・石山秀和　二〇〇六　江戸の学び　河出書房新社

一宮市教育委員会学校教育課　二〇一四　平成二六年度第三回一宮市学校教育推進会議―平成二六年度一二月意識実態調査報告

今川峰子　二〇〇三　デラウエア州の教育行政とスクールカウンセラー　アメリカのスクールサイコロジストの働き―デラウエア州での学校視察から―　資格連合「学校心理士」資格認定運営機構学校心理士資格認定委員会　一六―二七頁

今川峰子　二〇〇九　RtI とスクールサイコロジストの養成の実態：エジソン小学校での視察報告（RtI プロジェクトの第一段階実践校）資格連合「学校心理士」資格認定運営機構学校心理士資格認定委員会　七六―七八頁

今川峰子　二〇一一　教師をめざす学生のための教育心理学　みらい

今川峰子　二〇一一　日本の学校で必要とされる心理教育的援助の専門家とは―アメリカ合衆国・香港・台湾の比較を通して―　中部

大学現代教育学部紀要, 第三号 三一―四二頁
河村茂雄 二〇〇六 いじめの発生要件と防止の手立てに関する提言 図書文化
城戸 茂 二〇一四 不登校及び高等学校中途退学の状況と今後の対応について 教育委員会月報、六五(一一)、八八―九二頁
北山 忍・唐澤真弓 一九九五 自己:文化心理学的視座 実験社会心理学研究、三五、一三三―一六三頁
Lewis, C. 1995 *Educating hearts and minds: Reflections on Japanese preschool and elementary education.* Cambridge, NY: Cambridge University Press.
文部科学省 二〇一四 児童生徒の問題行動等生徒指導上の諸問題に関する調査―不登校 <http://www.mext.go.jp/a_menu/shotou/seitoshidou/1302905.htm>
文部科学省 二〇一五 国立教育政策研究所 OECD生徒の学力到達度調査―二〇一二年調査国際結果の要約 <http://www.nier.go.jp/kokusai/pisa/pdf/pisa2012_result_outline.pdf>
森田洋司 二〇〇三 「不登校追跡調査」から見えてきたもの 教育開発研究所 二―五〇頁
Rohlen, T. 1983 *Japan's high school.* Berkeley, CA: University of California.(友田泰正(訳) 一九八八 日本の高校―成功と代償 サイマル出版会)
城山三郎 一九八二 素直な戦士たち 新潮社
滝 充 二〇〇五 'Ijime bulling':その特徴、発生過程、対策 いじめととりくんだ国々―日本におけるいじめの対応と施策 ミネルヴァ書房 三三―五六頁
滝 充 二〇一四 いじめの調査結果について―「認知件数」の意味を正しく受け止める― 教育委員会月報、六五(一一)、八四―八七頁
Tobin, J. J., Wu, D.Y.H., & Davidson, D. H. 1989 *Pre-school in three cultures: Japan, China, and the United States.* New Haven, CT: Yale University Press.
恒吉僚子 二〇〇八 子どもたちの三つの「危機」―国際比較から見る日本の模索 勁草書房
吉津紀久子 二〇〇三 セイント・アンドリュース高校を見学して:第4回学校心理士海外研修報告 アメリカのスクールサイコロジストの働き―デラウェア州での学校視察から 資格連合「学校心理士」資格認定運営機構学校心理士資格認定委員会 四〇―四二頁

2　家庭のしつけと学校教育の変化

第1節　日本の育児文化のルーツを求めて

明治初期から開国によって多くの欧米人が来日するようになった。珍しい風景、住まい、服装、食べ物、暮らしの様子だけでなく、子どもの様子や子育てについて見聞きしたことを記録した著作が残されている。明治の初期に来日したアメリカ人のモース（Morse, 1917; 邦訳、一九七〇）は、動物学者でありハーバード大学やエール大学で教鞭を取った後に来日して東京大学の動物学教授に就任した。日本の各地で、珍しい風景をスケッチ画で残し、『日本その日その日1』を書き残し、旅する途中で大森貝塚を発見したことで有名である。この本のなかで彼が、「日本は子どもの問題を解決している」とまで感心したことは、欧米と異なる育児の方法であり、日本の子どもたちは自由でのびのびと遊んでいるが、決して礼儀知らずではなく、大人たちを敬愛し、よくしつけられていることであった。

図2-1　百年前のお祭りの様子（モースコレクションより）

さらに、モース以外にもアーノルド（Arnold, E.）、ブスケ（Bousquet, T. H.）らは、往来を自由気ままに動く子どもたちの様子を「街はほぼ完全に子どもたちのものであり、他のどこの子どもよりも甘やかされ、大人から大事にされている」と見たのであろう、その彼らのスケッチ画と記録から、渡辺（一九九八）は『逝きし世の面影』で詳しく紹介している。

一九世紀末に日本に滞在したモース、アーノルド、ブスケが観察した明治の産業は、稲作を中心とした農業が中心であった。当時は、用水の管理、田植え、稲刈り、収穫などの農作業を協力し合うムラ社会がつくられ、米穀が経済の基盤であった。農作物の豊作を願う村の祭り行事は、村の大切なイベントであり、田植えの春と収穫の秋には村の神社で豊作を祈願した。その他に神社を中心にして行われた正月の行事、鏡開き、節分等々、季節ごとに繰り広げられる様々な行事があり、この行事を通して大人たちは子どもたちに、ムラ社会で担うべき役割を教え、子どもの成長を村の大人全員で見守ってきた。「遠くの親戚よりも近くの他人」とのことわざがあるように、昭和初期までは生活共同体としてのムラ社会を中心に、強い「地縁社会」を形成していた。

子育てについても、農家の嫁は働き手として農業に従事し、赤ん坊の面倒は祖父母にゆだねられていた。そして子どもの出産から成人になるまで続く人生の節目の行事は、帯祝い、宮参り、食初め、初誕生祝い、七五三等と続き、これらの行事は今日でも行われている。このような行事が行われた背景には、①出産が産婦の生死に関わる危険なものであったこと、②乳児死亡率が高かったこと、そして③まだ胎児であるが、これからムラ社会の一員になる人間であることを知ってもらうためであった。妊娠した時から、近隣の人々に妊娠を知らせ、肉体的にも社会的にも不安定な存在である胎児を、誕生前から村人達に承認してもらい、近隣の人々から生きる力をもらい、支援を得やすくしようとしたのである。

飯島（一九九五）は、出産と育児の習俗を次のように紹介している。まず、妊娠を隣近所に知らせることから始まり、五ヶ月目の帯祝い、産月の出饗・出振舞・出産時の産立飯、三日祝い、七夜、宮参り、食初め、誕生祝い、初節句、七五三の祝いと七歳になるまで続いた。出産後百日前後に行われる食初めには、乳児にも正式の膳《ぜん》が用意され、一粒でも食べさせた。また初誕生には、赤ん坊に餅を背負わせたり、また餅をぶつけて倒したりした。これをタッタラ餅とかブッツケ餅といい、初誕生より早く歩けるようになった子には餅をぶつけて倒し、あまり人より抜きんでないように、歩けない子には餅を背負わせて早く歩けるようになるように願いを込めて行った。

さらに、仮の親子関係を結ぶことで赤ん坊の生命を保護し、成長を確実なものとしようという風習が各地に存在した。出産ないし幼年期に結ばれる拾い親、守り親がそれに相当する。

図 2-2　元服の儀式と烏帽子親盃を受ける元服男子
（飯島，1995）

図2-2は元服の儀式を紹介したものである。杯を飲み干しているのが成人の仲間入りをする男児であり、紋付姿で隣に座っているのが烏帽子親である。このような仮親とか、擬制的な親子関係を結ぶことでこれからの成長を実の親以外に見守ろうとしたものである。元服《げんぷく》親・烏帽子《えぼし》親・仲人親・寄親などは成年期以後に結ばれた擬制的な親子関係である。実の親だけでなく、近所の人々とのつながりが乳幼児から青年までの人間形成に大きく寄与してきた。

しかし、昭和に入り、都会では育児ノイローゼから母子心中をする事件が報じられるようになった。その原因について、民俗学者の柳田（一九六三）は「社会が小児の生存権を与えなさ過ぎるためであろう」と述べている。母親が一人で赤ん坊を育てなければならない気苦労は、日本の歴史始まって以来、初めて経験するものであるとまで言っている。ムラ社会では地域社会の大人たちによる子どもたちへの教育が十分に機能していたからであると思われる。

第2節　家庭・学校・社会により異なる子どもの人格形成

まえがきで紹介したようにアメリカでは一九七〇年代に入ってから、アカデミックな教育心理学や発達心理学の伝統的な研究に対して、生きた子どもの発達を把握するためには、従来のような実験室的で厳密な条件を統制する方法では限界があると認識されはじめた。このため、生きている現実の子どもの生活場面や学校教育場面での研究に軸足が置かれるようになった。この視点に立脚して、子どもの生活する家庭、学校、そして地域社会、国家をも視野に入れた先駆的な研究を行ったのは、コール（Cole, M.）、ブルーナー（Bruner, J. S.）、ブロンフェンブレンナー（Bronfenbrenner, U.）らであった。

一九六〇年代の末にコーネル大学のブロンフェンブレンナーが来日し、名古屋大学での講演が開催された。筆者自身も学生として講演会を聞いて、大変に感動した記憶がある。早速、長島訳（一九七〇）による『二つの世界の子どもたち』を購入して読み、再度、強い衝撃を受けた。この本は科学技術・教育・マスコミが発達した二つの先進工業国、当時の世界を二分する大国であるアメリカとロシア（旧ソビエト）のしつけと教育を比較したものである。一方は自由主義国であり、もう一方は社会主義国という、政治的・社会的に対照的な体制のなかで育つ子どもの発達を考察したものである。国による政治的・社会的システムの違いが、親のしつけや学校教育を通して、子どもの人格形成に作用することを紹介している。

ロシア（旧ソビエト）は市民革命によってロマノフ王朝を倒し、労働者を中心にした社会主義国家を維持・発展させるために、ロシア国民にしつけと教育の方法を国家が指導していた。教育学者であるマカレンコと、建国の父レーニンの妻であり、教育者であったクルプスカヤは、これまでの帝国主義国家（ロマノフ王朝）のもとでの教育制度を改めた。そして彼らは、欧米の資本主義社会に貢献する人材を育てるのではなく、プロレタリアート（労働者階級）の人々で構成するソビエト社会主義連邦共和国の維持と発展に貢献する人材育成のために尽力した。

ロシアのしつけと教育は、「従順」と「自己規律」がしつけの基本となっている。親は子どもに惜しみなく愛情を注ぐ。そして、子どもに要求されるのは、「従順」と「自己規律」である。子どもは年長の子どもの要求を満たし、大人の指示、命令、助言に従うことが従順な態度の表明でもある。幼児期から大人の要求に従順に反応することが「習慣」となれば、後になっても、家庭や学校で大人や年長の人の要求にうまく応えることができるようになる。大人の命令や指示に積極的に応える態度が、次の段階では、自らの意志や意欲によって、社会や大人たちが求める社会人としての振る舞いに置き換わる。内面化された従順は、「自己規律」となる。そのためには、まず幼児期には家庭で子どもに愛情深く接し、親子の絆を基に「従順さ」を育てることが大切である。そして幼稚園から社会主義国家を建国したレーニンを仰ぎ尊ぶことを教育されるようにしたのである。小学校に入ると、学校のカリキュラムとは別に、下校後は「ピオネール」と呼ばれる児童集団で、ロシアの正義、博愛、友愛を学び、その子どもたちのなかから共産党に入党する仕組みになっている。

一方、アメリカのしつけの原点は、新天地を求めて移住し、新しい国家を築いた自主・独立の精神と自己責任に裏付けられた自由の精神を身につけさせることにある。小さい時から子どもを一人の独立した人間として認め、その上で愛することが良いしつけである。そして、しつけは著名な心理学者のスキナー（Skinner, B. F.）がオペラント条件づけに用いた賞と罰の原則に沿って、誉めること、叱ることを取り入れて、小さい頃から善悪の判断ができるように、厳しくしつけるのが良いと考えられてきた。「鞭を惜しむと子どもは駄目になる（Spare the rod and spoil the child）」とのことわざがあるように、子どもが小さい頃は、しつけの担い手である親が子どもを厳しくしつけるという土壌がアメリカの育児には存在していた。

日本の子育ての素晴らしいルーツは、既に第1節で紹介した通り、四季折々の自然に囲まれ、湿潤で温暖な気候を利用してコメを主食にしたムラ社会が培った育児文化にあった。家のなかに季節の花を飾り、季節を取り入れた菓子、季節の料理を食べる暮らしがあった。こんなエピソードを読んだことがある。第二次大戦中、シカゴではアメリカ以外の敵国になる外国人（日本人を含む）を、強制的に劣悪な捕虜収容所に収容していた。当然、十分な食料の配給もなく、お腹を空かした子どもたちは何でも口に入れて食べてしまった。収容所の壁には鉛入りのペンキが使われていたが、そのペンキが剥落して、それを収容所の子どもたちが食べて鉛中毒になってしまったという。しかし、日本とドイツのユダヤ人の子どもだけがそれを免れたと紹介した記事である。特に日本人捕虜の家では、劣悪であるが掃除をして清潔さを保ち、道端に咲く小さな花をつけた野草を瓶にさして飾っていたという。その細やかな気配りが子どもへの育児にも反映し、鉛中毒を免れたと報道した記事である。四季折々の自然に親しみ、花を飾る気持ちは今でも受け継がれている。

さらに、日本には、子どもは「神からの授かりもの」「家の宝」「夫婦の絆」「七歳までは神のうち」として幼少期には愛情深く慈しみ育てる伝統が根底にあった。ムラ社会が育んだ日本人のしつけは「相手のことを考える」「他人を思いやる」「他人に迷惑をかけない」ことを大切にする精神を受け継いだものであった。

第3節　社会変動による子育て文化の変化

一九六〇年から一九七〇年代にかけて工業化・都市化による経済的繁栄と自由を謳歌したアメリカの社会でウーマンリブの運動が高まり、女性の就労率が急激に上昇し、子どもが育つ家庭環境が激変した。一九六〇年以後、ロサンジェルス警察に補導される少年・少女の非行が増加し、しかも強盗・麻薬・暴行などの暴力的犯罪が増え

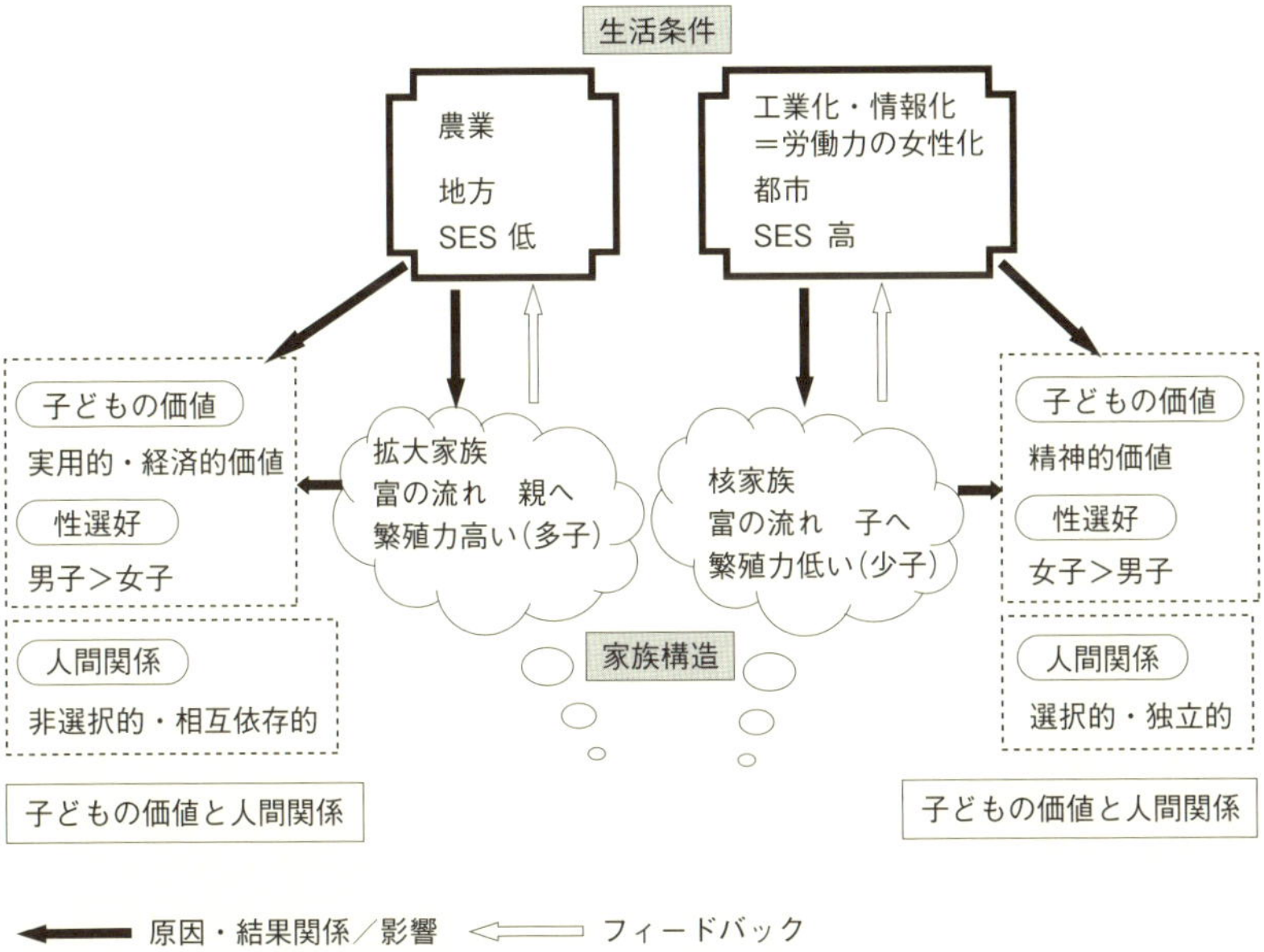

図 2-3　生活条件と家族構造・子どもの価値の関係モデル（柏木，1999）

ていると社会学者のエルダー（Elder, 1993; 邦訳、一九九七）は指摘している。都市部では核家族世帯、片親世帯が多くなり、家庭でのしつけや親の監督が不十分になり、少年・少女の非行が増加したのである。このような子どもたちの行動上の問題は、親が子どもに「してよいこと、悪いこと」を教えないまま育てることによるものであった。このためなぜ咎《とが》められたのかを十分理解できず、子どもたちは自分の情動・感情を爆発させてしまう。しかも、それをどのようにコントロールするかを学ぶことを体験しないままで育ってしまうことに原因があった。

　日本でも都市化・工業化・核家族化の波が押し寄せ、子どもが育つ生活環境が大きく変化してきた。子どもの生活条件と家族構造・子どもの価値を比較して示したものが図２-３である（柏木、一九九九）。農業を中心とした家族形態では大家族が多く、働き手となる男子の価値の方が女子よりも高い。そして、地縁を中心に生活共同体であるムラ社会を基盤にした相互依存的な人間関係が結ばれていた。

しかし、工業化・情報化が進展し、都市化が進むと、核家族の割合が多くなり、個別的・独立的人間関係へと移行する。工業化、情報化社会では、肉体労働よりも頭脳的、科学技術的労働が求められ、都市部ほど賃金が高く、教育期間は長くなる。親にとって子どもは労働力にならず、「可愛い」「家庭を明るくする」など精神的な満足を得るための存在になっている。この結果として少子化が進み、親は老後になっても話しやすい女の子を望むことが多くなる。

都市部は農村部に比較して、なぜ出生率が低くなるのであろうか。その理由として、居住条件が狭くて悪いこと、人口密集が様々なストレスを増加させ、子どもの誕生で生活環境が悪化すること、家意識が低いこと、地域での親同士の交流が少なくサポートが得られないこと、将来にわたって子どもに依存する意識が低いことなどを挙げることができる。

母親の子育てに居住環境がどのように影響を及ぼすのかについて検討した研究（Matsumoto, 2002）を紹介しよう。東京都内および埼玉県在住の母親に対し、居住環境、健康状態、育児態度を尋ねる項目から構成された質問紙を郵送で配布し、回答が得られた六五三人の結果を分析したところ、集合住宅に住み、居住空間が狭いほど、隣人とのトラブルや気がねが多く、結果として母親自身の身体的・精神的健康状態にマイナスの影響を及ぼす。この母親の身体的・精神的健康状態が悪いほど、母親はストレスを強く抱き、育児に悪影響を及ぼすことが実証されている。

女性の社会進出が浸透してきた一九九〇年以降に、専業主婦とフルタイムの有職主婦を比較した永久（一九九五）の研究からは、生き方への否定的な感情は、むしろ専業主婦の方が高いという結果になっていた。しかも、子どもへの否定的な感情についても専業主婦の方が高くなっていた。専業主婦の場合に、子どもや子育てに高い価値観を抱く人ほど、やりたいことが見つからず焦ってしまう、今の生き方でいいのかとの不安を抱き、今の生き方に対して否定的感情を強く抱いていることが調査結果から指摘されている。

筆者のゼミ生の畑中は大日向（一九八八）が取り上げた育児不安・育児ストレスを参照して、岐阜市と羽島市の幼稚園に園児を通わせている母親を対象にして、この育児不安・育児ストレスが夫や周りの家族のサポートによって低減するのかを検討した。その結果、①仕事をもつ有職主婦の身体的疲労感は、専業主婦よりも高いこと、②精神的なストレスは専業主婦の方が高いこと、③夫の育児参加が高いほどストレスは低下することが認められた。

今日の「女性が輝く社会」の実現をスローガンに掲げた安倍政権の下では、女性の社会進出に追い風が吹いている。多くの女性が子どもを産み育てながら働ける条件は整いつつある。しかし、バブル崩壊後の一九九〇代から、日本経済は長い低成長時代に入ってきた。若者の雇用が不安定になり、今日では高校卒業者の内で、三年以内に離職する割合の推移を厚生労働省（二〇一三）から調べてみると、一九九五年から約四〇％（二〇一二年は四一・二％）は三年以内の離職率であり、大学卒業者の場合でも約三〇％（二〇一二年は三二・四％）が三年以内に離職している。離職者が高い水準で推移し、その一方で、一世帯あたりの平均所得金額は一九九八年以降、減少してきている。児童のいる家庭では働き盛りの世帯主がいる場合が多く、妻もパートやフルタイムで家計を支えているはずであるが、一九九四年以降は所得が減少している。二〇一三年には消費者物価指数だけが上昇し、生活は厳しさを増している。

離婚件数は二〇〇二年の二九万件をピークに減少し、二〇一三年には二三万件になっているが、婚姻件数が減少しているため減少しているとは言い難い。要するに、婚姻件数の減少は、子どもを育てる親自身の生活環境が悪化すること、また結婚できるだけの経済的安定がないことと、自由に使える時間やお金が減ること、相手の家庭とのかかわりが面倒なこと、結婚に幸せを見いだせないこと、他にやりたいことがあるなど、「経済的不安要因」と「価値観の多様化の要因」「ライフスタイルの変化要因」による。さらに問題なのは離婚者の年齢層である。女性がキャリアを目指して晩婚になる一方で、早期に結婚する若者も多い。問題は若年の女性の離婚の多さにある。離婚率が最も高いのは厚生労働省（二〇一三）の人口動態統計から、女性では十歳代で、次が二十歳代である。この母親の年齢では子どもの年齢も低く、幼い子どもを抱えて離婚することになる。母方か父方の家族から支援が得られない場合には、母親一人の経済力は乏しく、しかも、一人だけで子育てをする精神的ストレスから児童虐待に至ってしまう危険性が高い。児童虐待件数は七万件を越え、近年急速に増加してきている。

親の子育てに対する意識は二極化する傾向が強い。晩婚の後に生まれた一人または二人の数少ない子どもに夢を託し、将来のためにと幼児期から英会話教室・学習塾・ピアノ・バイオリン・水泳などを習わせ、惜しみなく愛情を注ぐ親がいる。その一方で、早く結婚し、離婚して経済的余裕がなく、子どもの養育が十分でない親もいる。日本は「子どもの天国」と言われたほど、近隣の人々から温かい支援が得られた時代は遠い昔話になってしまっている。

戦後の経済復興を担い「モーレツ社員」と言われるほど働いた男性にとって、専業主婦として家庭を支えた女性の貢献は大きい。ただ、右肩上がりの経済成長によって支えられた終身雇用制度の厚い壁に阻まれて、出産、そして育児を経験した女性がキャリアを活かして社会復帰することは困難であった。文部科学省は一九九〇年代に「リカレント教育」を施策に掲げたが、結局は掛け声だけで実際の運用が不十分のままであった。一方、企業もいまだに新卒者優先の採用姿勢を崩してきていない。少子化、そして高齢社会に入って、労働者不足から「女性が活躍する時代」を唱えても、出産適齢期の二十代の女性が、出産・育児を終えて社会復帰ができる教育と雇用体系を整備しないと、このままでは掛け声倒れになってしまう。また、若い男性であっても、産業構造の変化に対応して、再び高等教育機関で学び直してキャリアアップし、異なった業種に再就職できるような教育体系は、今日のようなグローバル化社会では益々必要になる。

第４節　大人以上に生活環境の影響を受けやすい乳幼児

1　生活環境によって異なるアタッチメント

どの国の親も誕生したわが子には愛情を注ぎ、子どもは次第に親との相互作用を通してまず親へのアタッチメントを形成する。このアタッチメントを基盤にして、親は徐々に日常生活のなかで子どもに対して自立できるようにしつけを開始するのである。人間にとってこのアタッチメントの形成は、人への信頼感を形成すると共に自分を信頼し、生きる希望となる。エリクソン（Erikson, E. H.）は〇歳～一歳の乳児期には、主に母親とのかかわりを通して乳児は人への信頼感と自分への自信を培うことで、生きる希望を得る時期であると述べている。彼は生涯を八つの段階に分けている。八つの発達段階には、対立する二つの特性を示し、それぞれの時期に乗りこえる発達課題を示した。乳児期では「基本的信頼」と「不信」が対立し、母親へのアタッチメントを通して「基本的信頼」を獲得すれば、その後の人間関係もスムーズにいくが、そうでない場合には、他者への「信頼」と自分への「自信」がもてなくて、その後の人格発達に躓《つまず》きやすくなる。エリクソン以前には、既に、精神科医であり精神分析学を創設したフロイト（Freud, S.）は、乳幼児期の欲求充足が不十分なままで育つと歪んだ人格の人間に成長することについて、「幼児性欲説」を提唱していた。

さらに、二十世紀に起こった二度の世界大戦では、親を戦争で失った戦争孤児が生まれた。このため、多くの戦争孤児を施設で養育することになった。この孤児たちの身体・運動機能の発達の遅れ、表情が乏しく無表情なこと、ことばの遅れが顕著なことなど、孤児の施設に特有な症状を発見し、これをスピッツ（Spitz, R. A.）が初めて、ホスピタリズムとして論文に発表した。

ただ、このような症状は戦争孤児だけに限らず、母性的な養育が十分でない児童養護施設でも認められること、養育を放棄した母親の下で育てられた子どもにも、情緒の障害、社会性の発達の遅れが認められた。このため、児童精神科医のボウルビィ（Bowlby. J.）は、母親とのアタッチメントは、乳幼児が精神的に健康で育つには不可欠であることを、ＷＨＯ（世界保健機構）を通して、「健康な身体にビタミンが必要であるように、心の健康には親の愛情が必要である」との警告を世界に発信した。

母親とのアタッチメントが形成されると、乳児は母親との密着した状態から次第に離れ、兄弟、親以外の大人、友人など他者の存在を知り、自分とは違う相手にも信頼感を抱くようになる。そして自分とは違う相手の気持ちを知り、共感し、思いやりを抱くことを学び始める。一般的に一歳六ヶ月までには、望ましいアタッチメントが形成されるため、親から一時的に離れても、親の顔を見ればすぐに泣き止んで元気に遊べるようになる。母親を安全基地として利用しながら、次第に親から離れることで、行動範囲は広がる。このことによって次第に母親からの自立が促されていく。

親子の愛情が必要なことは自明のように思われてきたが、西欧や日本とは違った子育てをしている社会における事例研究から、愛情を与えるのは必ずしも親でなくてよいとの結果が得られている。しかも、どのような文化圏に育っても、子どもが母親に置いていかれた時には、七ヶ月から一歳になると泣き出す子どもは多くなるが、一歳を過ぎるとアメリカの子どもに比較してキブツ（イスラエルの共同村）やグァテマラ（マヤ・インディアン）の子どもは泣き出す割合が急に少なくなる（箕浦、一九九〇）。キブツでは子どもが一歳を過ぎると共同村で育てられる。また、マヤ・インディアンでは大家族で多くの人に世話をしてもらうために、泣き出す割合が低くなると考えられる。そこで、望ましいアタッチメントが形成されているかどうかを検査するために利用されるエインズワース（Ainsworth, M. D. S.）のストレンジシチュエーション法を利用して国による違いがアタッチメントに影響するのかを検討した研究がある（箕浦、一九九〇）。その研究によれば、母親に置いていかれても一人にされても、泣き出さない子がアメリカの子どもよりもキブツの子どもに多い。アタッチメントの形成は人間発達の初期段階での人格形成に必要不可欠であり、その点ではどの国でも同じであると思われるが、その様相は育児環境によって異なることが分かってきた。

勝浦は、著書『日本の子育て・アメリカの子育て─子育ての原点をもとめて─』のなかで、研究成果をまとめ直して表2-1のように比較している。このストレンジシチュエーション法は、一般に一歳六ヶ月以下の乳児を対象にして、母親との分離、見知らぬ人への反応、一人で置かれること、母との再会を実験的に設定し、乳児の行動をA、B、Cとそれ以外に分類する方法である。A型は、母親がいなくなっても帰ってきても、気にとめないもの。B型は母親が出ていくと泣いたり、追いかけようとするが、母親が戻ればすぐに機嫌が直るもの。C型は母子分離の時に激しく泣き、戻ってきてもなかなか機嫌が直らないものである。日本ではA型がどの国よりも少なく、C型が他の国に比較して多い。A型

表2-1　アタッチメントのABC分類の国際比較（%）（勝浦，1991）

	タイプ			備考
	A	B	C	
アメリカ	23.0	62.0	15.0	いくつかの研究をまとめたもの，Campos ら（1983）による
西ドイツ [a)]	49.0	32.7	12.2	N=49，Grossmann ら（1981）による
スウェーデン	21.6	74.5	3.9	N=51，Lamb ら（1982）による
イスラエル [b)]	13.5	69.2	17.3	N=52，Sagi ら（1985）による
日本（Ⅰ）[c)]	.0	72.0	28.0	N=25，Miyake ら（1985）による
日本（Ⅱ）[d)]	.0	75.9	24.1	N=29，Miyake（1986）による

a）分類不能が6.1%あった
b）キブツの乳児が対象となっている
c）分類不能4名を除いた25名の比率を示した
d）分類不能1名を除いた29名の比率を示した

が多い西ドイツでは、母子間の身体的接触の頻度が非常に少なく、早くから子どもを自立させることを目指した子育てをしている。日本（札幌）のA型が低いこのデータ（三宅、一九九〇）の対象となった乳児は、ほとんど母親以外の人に子守をしてもらった経験がなく、一ヶ月以内に二・五回程度で、あずけた相手は父親、祖母など限られた人であった。アメリカのデータではB型の乳児はその後の発達が良くA型とC型に問題が多いと言われているが、三宅の結果では日本に多いC型の乳児からは、その後問題になるような発達的特徴は認められていない。日本では乳幼児と母親の密着度が高いために、C型になっているためと思われる。西ドイツでは問題とされるA型であっても子育て環境の違いによるだけで、特に問題があるとは言えなかった（勝浦、一九九一）。三宅が調査した一九八〇年代は、バブルに浮かれた好景気が続いて、専業主婦もまだまだ多い時代であった。日本の伝統的な性別分担意識も根強く残り、母子関係が密着しやすい条件が整っていたために、このような結果になったものと思われる。

バブル崩壊後の低成長時代に入った二〇〇〇年以降では、若い夫婦が置かれた状況は大きく変化してきている。特に、身近に子育ての支援が得られない場合には、幼い子どもを抱えて身も心も疲れ果ててしまい、思わず子どもを叩きたくなったことがあると回答する若い母親が半数近くに上るとの調査結果はそれを物語っている（一宮市、二〇〇二）。もし、第二次大戦以前のムラ社会の時代にこのストレンジシチュエーション法によって、日本の乳児が示すアタッチメントの型を分類するならば、A型が多くC型が少なくなっていて、三宅の研究とは異なったはずであろう。

2　乳児期・幼児期の生活環境の重要性

アタッチメントは子育ての環境によって違うが、乳幼児期の運動発達・認知発達・社会性の発達には、一般的にはそれほど違いが認められないと考えられてきた。ところが、幼い子どももほど生活環境の影響を受けやすいことが知られてきた。発達スクリーニング検査は、リスクの高い子どもを見つけて支援するための検査であるが、健康な子どもであっても個人差がある。米国デンバー市では子どもの人種的、社会経済的背景を考慮したサンプリングによって発達スクリーニング検査が既に一九六〇年代に標準化された。このため上田（一九八〇）は日本版デンバー式発達スクリーニング検査を作成した。

ところが上田（二〇一一）は、デンバー市で作成された検査のサンプルと日本の乳幼児のサンプルでは人種や社会・文化的背景が異なるため、そのまま利用することはできず、日本の子どもに合うような基準に修正する必要があったことについて述べている。〇歳児から六歳児までを対象として、以下の三つの発達領域の検査項目、①社会性領域（対人関係・生活習慣）、②言語性領域（発語・言語理解）、③運動領域（微細運動・粗大運動）の修正をしている。アメリカのデンバー市と日本の東京都を比較すると、東京都の乳幼児では初期の運動発達はデンバー市よりも遅く、幼児期の言語表現についても遅いが、逆に言語理解や色の識別ではデンバー市よりも早かったため、日本で利用する発達簡易検査にするには評価基準を変更する必要があったと述べている。一方、日本国内であっても、東京都、岩手県、沖縄県の通過率を比較すると、都会性、寒暖の気候、文化的背景などの条件により、発達領域の通過率に違いが生じていた。上田は上田式発達検査の作成に長年にわたって携わった経験を踏まえ、人間の子どもは他の動物と比較すると生活能力が未熟な状態で生まれ、ゆっくりと大人の体型に成長するが、一方、精神面の情緒・社会的、知的発達は早くから質的に変化し、子ども時代は大人よりも生活環境の影響を受けやすいという特徴があると述べている。

3　日米の親子関係の違い

アメリカに住んで子育てを体験した服部（二〇〇二）は、アメリカの親子関係について、彼らの対話の分析から検討している。アメリカ人の家庭では、何かことが起こればうやむやにせず、真剣に親子が議論する。そして、「I love you: あなたのような素晴らしい子どもをもってママは最高にしあわせ！」「I love you: 僕のママは世界で一番きれい！」などと、互いに賛美のやりとりを惜しまずかわす情景にしばしば遭遇したと述べている。アメリカの母親の多くは、わが子の長所をその子自身に対してことばで強調し、自尊心を高めることが善であると信じた独立的な親子関係である。

ところが、アメリカでこの独立的な親子関係を維持しつつも、乳児期からの子育てを改善することで、感情をコントロールする力をもち、人を思いやる子どもに育てる育児が見直されてきている。日本の「添い寝」の習慣を見習うことを、自ら八人の子育てをした経験がある小児科医であるアメリカのシアーズら（Sears & Sears, 1993; 邦訳、二〇〇〇）は「アタッチメント育児」としてむしろ奨励している。日本では『シアーズ博士夫妻のベビーブック』として出版されている。小児科医として子育てを経験し、その上で育児の専門家としてこれが一番と推奨する「アタッチメント育児」とは、「自分の子どもをよく知る」「子どもがいつも機嫌よく過ごせるように助けてあげる」「子育てを楽しむ」ことであるという。そのために、五つのポイントを挙げているが、それは、①できるだけ早く赤ちゃんと仲よくなる、②赤ちゃんからの合図を読みとり、応える、③母乳で育てる、④なるべく、抱っこやおんぶをしてあげる、⑤添い寝をしてあげることであった。

これまで、日本社会で自然に行われてきた伝統的な育児を、やさしく、そしてたくましい子に育てるために推薦しているのである。どの国であっても、誰が育児の担い手になってもアタッチメント育児は必要なことと筆者自身も再認識させられた。

一方、日本では真正面から親子が対話することは少なく、親は子どもをことばではなく、なんとなく安心できる雰囲気をつくり、以心伝心に伝えることが多い。共生的な親子関係の下ではコミュニケーションは非言語的で情緒的な対話になる。リーブラ（T. S. Lebra）は、日本で最も強調されている価値の一つとして相手の気持ちになること、相手の立場になって考えること、つまり共感（エンパシー）があると言う。共感することと依存は相互補完的であるため、相手に共感を求めるような文化は、同時に、相互依存を求める文化であり、その原型は母子関係にあると考えているようである。特に日本では「添い寝」が当たり前とされてきた経緯があり、母子の密着した関係は今でも続いている。社会人としての態度やマナーを教える役割を担ってきた父親は、細々《こまごま》としたしつけは母親に任せ、「親の背を見て子どもは育つ」との伝統的な教育観を抱き、あまり子どもとの会話をすることがなかった。しかし、近年では子育てを積極的に担う若い父親が増え、主夫なる役割までこなす男性が生まれてきた。

ただ、親子関係について、一九九五年に実施された国際比較調査からみると、日本と韓国に比較して、アメリカの親子は会話数も会話内容もはるかに広がっている。日本の親子の会話は友だちのこと、学校の先生のことが五〇％を超えていたが、アメリカでは友だちのこと、学校の先生のこと、日常の生活態度のこと、家族のこと、勉強のこと、余暇の過ごし方や遊びのこと、社会の出来事やニュースのこと、子どもの将来や進路のことにまで及んでいた。子どもであっても独立した人間として認め、対等な立場で向き合い、コミュニケーションを図ることで親としての責務を果たす育て方をしていることが分かる。

第5節　幼児教育・学校教育への親の期待

親がどんな成長を子どもに望むかについては社会的・文化的な環境の違いによって異なる。特にアメリカでは、開拓者としての歴史的・社会的文脈のなかで培われた先祖の精神の育成をわが子にも求め、幼児期から自己主張をするように育て、自主・独立の精神を培うことが養育方針になっていた。トービンら（Tobin, Wu, & Davidson, 1989）は、中国・日本・アメリカの保育所を対象にして、ビデオや音声テープ、質問紙を利用して、他国の保育風景を見せ、他国の親・保育者・園長らが何を疑問に思うのか、それに対して当事者が説明する方法で、保育理念は文化により違いが認められることを浮き彫りにした研究を紹介している。表２－２と表２－３は質問紙を利用した結果を示したものである。

日本では保育所で学ぶ最も大切なことは「共感・思いやり・他者への配慮」を、アメリカでは「独立心・自信」を、中国では「協力と集団の一員になること」を挙げている。上位三つまで挙げた場合に、「文字・数字の初歩的な学習」については、中国では二三%、アメリカでは二二%、日本ではわずか一%と極めて低くなっている。

次に、なぜ保育所が必要なのでしょうかとの質問に対して、三ヶ国に共通して「集団の一員としての経験をさせる」ことを挙げているが、日本では六一%の人が第一位に挙げ、中国の一二%、アメリカの二〇%と比較して格段に高くなっている。日本が他の二ヶ国と異なる点は、「学習のよいスタートを切る」項目である。第一位に挙げた割合が、中国では三七%、アメリカでは二一%となっているが、それに比較して日本ではわずか〇・三%に過ぎない。

この調査が実施された一九八〇年代の日本は、団塊ジュニア世代が高校・大学入試に入る時期と重なり、厳しい受験競争が続いた時期であった。そのつけが学校現場の荒れになって表面化してきた。このため、中曽根首相

表 2-2　子どもが保育所で学ぶ最も大切なことは何ですか（Tobin et al., 1989）

（%）

	中国		日本		アメリカ	
	第1位	上位3つ	第1位	上位3つ	第1位	上位3つ
忍耐力	13	20	2	16	3	5
協力と集団の一員になること	37	58	30	67	32	68
共感・思いやり・他者への配慮	4	20	31	80	5	39
創造性	17	50	9	30	6	37
文字・数字の初歩的な学習	6	23	0	1	1	22
独立心・自信	6	29	11	44	34	73
絵・音楽・踊り	1	8	0.3	4	1	3
コミュニケーションスキル	4	27	1	5	8	38
運動能力	1	3	0.3	4	1	6
健康・衛生・身づくろい	11	60	14	49	1	7
優しさ	0	2	0	0	0	1

表 2-3　なぜ保育所が必要なのでしょうか（Tobin et al., 1989）

（%）

	中国		日本		アメリカ	
	第1位	上位3つ	第1位	上位3つ	第1位	上位3つ
学習のよいスタートを切る	37	67	0.3	2	22	51
甘やかしを抑え親のしつけを補う	3	12	0.3	2	0.5	2
親が仕事や他の活動に従事できるよう解放する	17	48	1	8	7	25
他の子どもと遊ぶ機会をもつ	8	25	14	70	14	42
社会の一員としての自覚をもたせる	12	30	5	18	4	14
集団の一員としての経験をさせる	12	44	61	91	20	62
毎日通える楽しい場所を与える	1	7	3	24	4	18
子どもの独立心を促し一人立ちさせる	11	67	14	80	23	66
親を補い，教育し支援する	0	0	0.3	5	6	20

直属の臨時教育審議会が一九八四年に設けられ、中曽根内閣は教育改革を断行した。臨時教育審議会は、①個性重視の原則、②生涯学習体系への移行、③国際化・情報化等変化への対応を答申した。その後、少しずつ学校教育は変化し始めた。学校現場での荒れへの対策として、まず学級や学校を安定させるため、児童生徒の問題行動を抑え、生徒指導を強化してきた。ただ、学業面では、良い成績を修めることは個人の一人ひとりの能力による部分が否定できないものの、成績は個人の能力差ではなくて、児童生徒自身が努力するかどうかであるとの伝統的な教育理念を貫いてきた。能力の多様性を肯定し、選択科目の多様性を導入して個性を活かす教育を貫いたアメリカの教育理念を取り入れることは結局なかった。

一九八〇年代の学校の荒れは収束し、表面的には良くなったように見える。しかし、児童生徒の個性を育てること、個人のリーダーシップを伸ばすこと、多様な才能を育成することを置き去りにしてしまった。一九七〇年代から一九八〇年代は、まだ学校が閉鎖的であり、学校経営に親や地域住民が口出しをすることができなかったためである。学校に子どもを人質としてとられているとまで思っている親たちにとっては、いじめられたり不登校にならないために、幼少期にはまず仲間集団にうまく適応し、仲間と仲良く遊び協調する行動がとれる子どもに育つことが第一歩と受け止め、勉強は家庭や塾でさせればよいと割り切っていたことが、この調査に現れていたと思われる。

汐見（二〇〇八）は一九七〇年代から一九八〇年代にかけて、いじめや不登校など学校教育での問題が深刻化し、この対策として、一九八九年の幼児教育・保育教育改革にも影響したことを指摘している。第一に、子どもの育ちにおける意欲、自主性、からだの育ちを保障するため、幼稚園では「遊び」を基本にし、「遊びを通じた総合的指導」「環境による保育」「保育者中心から子ども中心へ」の改革が実施された。

一方、受験競争は続いたものの、わが子の未来を案じての早期教育ブームや、おけいこごと、スポーツなど一芸に秀でた子どもを育てようという傾向から、幼稚園や保育所と並行して、親自身の裁量で塾に通わせるようになったと述べている。要するに知的教育やその他のおけいごとは家庭や塾で、社会的スキルを含む人間形成は保育所・幼稚園でとの棲み分けが進んでしまった。

近年の調査では、東京・ソウル・北京・上海・台北の五都市を対象に、幼児をもつ親に対して、母親の教育観・子育て観、子どもの将来への期待、母親の子育て意識などを、ベネッセ（二〇〇六）が質問紙で調査している。自分の子どもが将来どういう人になってほしいのかについて、東京では「友人を大切にする人」（七四・五％）、「他人に迷惑をかけない人」（七一・〇％）、「自分の家族を大切にする人」（六九・七％）の３項目が多く選ばれている。一方、東京以外の四都市では、「自分の家族を大切にする人」が第一位に選ばれ、「友人を大切にする人」「他人に迷惑をかけない人」は、日本以外の四都市のなかでも最も高い台北ですら二五・一％と低くなっている。東京の第一位として七四・五％の人が選んだ「友人を大切にする人」については、東京以外の四都市中で最も高いソウルでさえ、僅か一四・三％である。

では、他の四都市では何が選ばれているのであろうか。台北では「仕事で能力を発揮する人」（四八・九％）、「社会のために尽くす人」（二六・七％）となっている。ソウルでは「リーダーシップのある人」（四六・八％）が第二位で、第三位は「のんびりと生きる人」（三二・二％）である。中国の北京と上海では「仕事で能力を発揮する人」（北京四六・九％、上海三九・〇％）、「まわりから尊敬される人」（北京四五・五％、上海四三・〇％）が高くなっている。東京の母親の回答はバラエティが低く、皆が同じように集団で行動し、他人に迷惑をかけないことを望んでいる。一九八〇年代に世界第二位の経済大国になったとはいえ、その後のバブル崩壊によって長い経済の低迷期を体験し、親自身の自尊感情も低下し、わが子に夢を託せなくなってきているように思われる。

日々の子育てで、九〇％以上の母親が力を入れていることは、東京では「他者へ思いやりをもつこと」（九七・

六％）、「基本的生活習慣を身につけること」（九三・三％）であるが、この項目は他の都市でも同様の結果になっている。しかし、「社会のためにつくす」「リーダーシップのある人」など未来に向かってポジティヴな生き方をする子どもに育てようとする気持ちは弱い。さらに、「数や文字を学ぶこと」（東京五三・五％、他の四都市は八五・九％〜七三・二％）「芸術的な才能を伸ばすこと」（東京五三・五％、他の四都市は八四・三％〜七一・九％）「外国語を学ぶこと」（東京二九・五％、他の四都市は七八・九％〜六〇・〇％）と、トービンらの研究結果と共通して、二〇〇六年の調査結果でも、日本の親は知的な側面への期待が際立って低くなっている。親世代が過酷な受験戦争を経験し、親自身もまだその影響を受けているが、良い大学に入れば良い会社に就職できるとの日本の学歴神話が崩壊しはじめていることを日本の親自身が十分に承知しているためであろう。ただ、それ以上に、小中学校でわが子がいじめられないように、不登校にならないように、友人と協調し学校の集団に適応できることを強く望んでいる結果であろう。

一九八〇年代に、異なった国で自分の子どもを学校に通わ

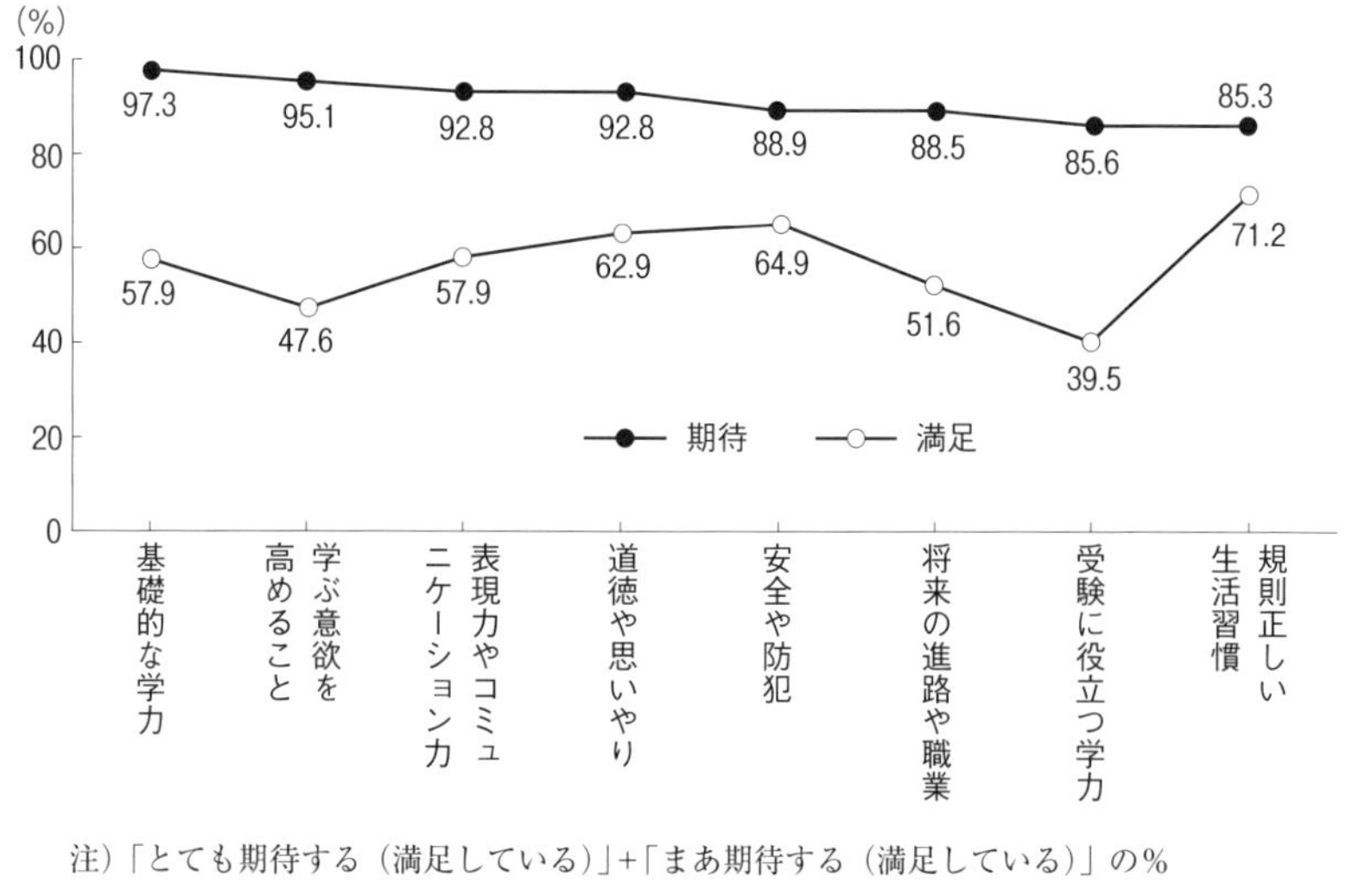

注）「とても期待する（満足している）」+「まあ期待する（満足している）」の％

図 2-4　保護者の学校に対する期待と満足度（東大・ベネッセ共同研究，2011）

せた体験から、興味ある体験談を服部（一九八五）は次のように紹介している。

幼少期はだれもが子どもに優しいまなざしを向けてくれたが、モスクワの幼稚園では、後期になるとロシア建国の父であるレーニンを称える話を聞かされ、ロシアはこんなに偉大な国と教えられるようになった。特に国家を讃える詩を暗唱し朗読することは教育の一環であり、馬や花のお絵かきもクラスの子どもみんなが同じ絵を上手に描くように指導され、全体主義的な教育が姿を現してきた。その後、モスクワから日本に帰ってきて、日本の小学校教育を体験することになる。日本の幼稚園の行儀や勉強のきつさに親として驚き、日本語の習得が遅れ、友だちが少ないなどのことを先生から指摘されてしまった。そして、日本の小学校教育の「かたさ」に親として不安を抱く。その後アメリカ赴任の話が持ち上がり、ニューヨークの学校に子どもたちを入学させることになる。学校教育も驚くほど大胆で、個人の自由意思を尊重するものであった。耐えるとか辛抱することで自分を鍛錬するよりも、自分から「学ぶ」ことを本当に喜びとするチャンス、自分なりの有能感を見出すことができるチャンスが大きく、アメリカの学校教育を進んで選んだと述べている。

では、日本の親は学校に何を望んでいるのであろうか。ベネッセ（二〇一二）の調査では、「忘れ物をしないこと」「先生への態度や言葉づかい」「行きしぶり・不登校」「家での学習習慣」「友だちとのつきあい方」「将来の進路・進学先を考える」は家庭でのしつけと多くの親が思っている。「授業中騒いだり、立ち歩かないこと」はベネッセ（一九九八）の調査時点では、二五・七％の親しか家庭ですることと思っていなかったが、二〇一二年では五二・〇％と家庭教育の役割ととらえる親が増加している。公開授業を始めとして、マスコミの影響もあり、学校が開放されるようになり、何でも学校に期待することはできないことを保護者も認識し、家庭と学校の役割を分化させようとする傾向が認められる。

学校で期待することは、「教科の基礎的な学力をつけること」「学ぶ意欲をそだてること」「スポーツ能力や体力の向上」である。学校に対する満足度については七九・一％が満足していると答えている。しかし、二〇一二年の調査から加わった項目で「英語の力をつけること」と「中学受験・高校受験に役立つ学力をつける」「コンピュータを活用する力をつけること」については満足している保護者は五〇％以下とまだ低い（東京大学教育学部比較教育社会コース・ベネッセ教育研究開発センター共同研究、二〇一二）。

「規則正しい生活習慣」「安全や防犯」「道徳や思いやり」は、学校に対する期待と満足度の間のギャップのあるものの、それほど大きくない。しかし、「学ぶ意欲を高めること（四七・五ポイント差）」「受験に役立つ学力（四六・一ポイント差）」では大きなギャップが見られ、学校教育の取り組みに不満足をおぼえている。また、受験に役立つ学力は学校では不十分と認識して、多くの保護者が高い授業料を払っても塾へ通わせてきた日本の実態を反映したものと考えることができる。しかし、「学習意欲を高めること」「自然体験や生活体験を通して、子ども自身が考え、チャレンジすること」「体験することで、失敗を乗り越え、自信を抱くこと」などについては、まだ親自身が子どもにとっていかに大切かを十分認識していないために、ひ弱で未熟な若者が多くなってきていることに気づいていないと筆者は思う。

引用・参考文献

Benesse 教育研究開発センター　二〇〇六　幼児の生活アンケート報告：東アジア五都市調査―幼児をもつ保護者を対象に　研究所報告　vol. 36

Benesse 教育研究開発センター　二〇一二　第四回子育て生活基本調査―小学生・中学生の保護者を対象に　vol. 65

Bronfenbrenner, U.　1970　*Two worlds of childhood: U.S. and U.S.S.R.* New York: Basic Book.（長島貞夫（訳）一九七一　二つの世界のこどもたち　金子書房）

Elder, G. H., Modell, J. Jr., & Parke, R. D.　1993　*Children in time and place: Development and historical insights.* Cambridge, NY:

Cambridge University Press.（本田時雄（監訳）　一九九七　時間と空間の中の子どもたち　金子書房）
服部祥子　一九八五　親と子―アメリカ・ソ連・日本―　新潮社
服部祥子　二〇〇二　人間関係の国際比較―親子の対話を中心に―　看護教育、四三（二）、一四六―一四九頁
一宮市福祉部　二〇〇二　一宮市子育て支援計画〔基礎調査結果報告書〕　一宮市
飯島吉晴　一九九五　第四章　子供の発見と児童遊戯の世界　坪井洋文（編）日本民俗文化体系一〇巻　家と女性＝暮らしの文化史　小学館　二二一―二四〇頁
柏木惠子　一九九九　子どもの価値　東　洋・柏木惠子（編）　社会と家族の心理学　ミネルヴァ書房　一六三―一九五頁
勝浦クック範子　一九九一　日本の子育て・アメリカの子育て―子育ての原点をもとめて―　サイエンス社
小西四郎・岡　秀行・押切隆世　一九八三　百年前の日本　モース・コレクション　小学館
厚生労働省　二〇一三　新規学卒者の離職状況（平成二二年三月卒業者の状況）　<http://www.mhlw.go.jp/seisakunitsuite/bunya/koyou_roudou/koyou/roudou_report/dl/20131029_03.pdf>
厚生労働省　二〇一五　世帯当たりの平均所得金額推移をグラフ化してみる　<http://www.garbagenews.net/archives/1954675.html>
Matsumoto, S.　2002　Effects of housing environment on parenting. *MERA Journal*, *7* (2), 21-30.
箕浦康子　一九九〇　文化のなかの子ども　東京大学出版会
三宅和夫　一九九〇　子どもの個性　東京大学出版会
Morse, E. S.　1917　*Japan day by day*. Boston, MA: Houghton and Mifflin.（石川欣一（訳）　一九七〇　日本その日その日１（全三巻）　平凡社）
永久ひさ子　一九九五　専業主婦における子どもの位置と生活感情　母子研究、一六、五〇―五七頁
大日向雅美　一九八八　母性の研究：その形成と変容の過程：伝統的母性観の反証　川島書店
Sears, W., & Sears, M.　1993　*The baby book by Dr. William Sears and Martha Sears*. New York: Denise Marcil Literary Agency.（榊原洋一（監修）岩井満里（訳）　二〇〇〇　シアーズ博士夫妻のベビーブック　主婦の友社）
Sears, W., & Sears, M.　2001　*The attachment parenting book: A commonsense guide to understanding and nurturing your baby*. New York: Little Brown.
汐見稔幸　二〇〇八　知的教育をテーマにしてこなかった日本　泉千勢・一見真理子・汐見稔幸（編）世界の幼児教育・保育改革と学力　明石書店　三三六―三五九頁
Tobin, J. J., Wu, D. Y. H., & Davidson, D. H.　1989　*Pre-school in three cultures: Japan, China, and the United States*. New Haven, CT:

Yale University Press.
東京大学教育学部比較教育社会コース・Benesse 教育研究開発センター共同研究　二〇一一　神奈川県の公立中学校の生徒と保護者に関する調査報告書　（株）ベネッセコーポレーション
上田礼子　二〇一一　上田式子どもの発達簡易検査　医歯薬出版株式会社
柳田国男　一九六三　小児生存権の歴史　定本柳田国男集第一五巻　三九七頁
渡辺京二　一九九九　逝きし世の面影—日本近代素描Ⅰ　葦書房

3　人間形成を目指した教育が実践できているのかを問う

第1節　「いざこざ」を通して学ぶ幼児期の友だち関係

保育所や幼稚園の実習から大学に戻った幼児教育学科の学生達に、幼児どうしの「いざこざ」やトラブルが、①どの年齢で最も多く発生しているのか、②その原因は何か、③どのようにその事態に対処したのかを自由に体験談として語ってもらった。学生たちは、一歳から三歳までの乳幼児クラスで「いざこざ」が多発していたこと、その原因の多くは、おもちゃや遊具の取り合いが多かったことを挙げた。その上、実習生として「いざこざ」にどうしたらいいのか、対応にとても困ってしまったことを挙げた。保育者がどのように対処するのかを見ていたところ、「いざこざ」に対しては危険だと思われるまで、特別にケンカを止めるような対処はしなかった。そして保育者からは、「無理に介入しないで子どもたちに任せたほうが良い」と教えられたと、学生は困惑気味に語った。ある幼稚園ではケンカに発展した時に、保育者がケンカの当事者の一人を職員室の隣にある別室に連れて行き、気持ちを落ち着かせて言い分を聞き、どうすればいいのかを諭《さと》すタイムアウト法を取り入れていたとの報告もあった。

乳幼児は自分で自由に歩くことができるようになると、自分の意志でやりたいこと、欲しいと思うものを手に入れようとする。ブロック積木で遊びたいが、それが十分にない時、既に使いたいブロック積木を友だちが使ってしまっている時、なんとかそれを手に入れようとする。そのため、「友だちに近づく」「ブロック積木を置くのを待つ」「友だちが置いたのを取る」「無理やり奪い取る」などの行動が起きる。当然、まだこれから使おうと置いたブロック積木のため、取られた幼児は「怒る」「奪い返す」「殴りかかる」「泣き出す」などの行動を起こす。

保育所の自然観察場面で、二歳児クラスを対象にして、初めて出会った仲間と一年間の集団生活で、どのような「いざこざ」を起こすのか、「いざこざ」の種類がどのように変化するのか、さらに二歳児クラスとはいっても二歳代の前半と後半では身長・体重・運動機能の発達などの差が大きいため、年齢を考慮して「いざこざ」のエピソードを基に分析した研究がある（本郷、一九九六）。「いざこざ」のエピソードは、ビデオテープを利用し、前期（五月）、中期（十月から十一月）、後期（翌年の三月）の三回にわたって、室内と園庭を合わせてそれぞれ三時間かけて撮影したビデオを分析している。この二歳児クラスでは、「いざこざ」の原因に観察時期による変化はあまり認められなかった。「いざこざ」になる原因は、物や固定遊具の取り合いが最も多く（四〇％）、ついで遊びの妨害や侵入（一九％）である。そして、友だちが遊んでいる途中で、どうしても欲しいおもちゃや場所を奪おうとすると、相手はその行動に抵抗する。前期ではダメ・拒否などのことばによる禁止行動（三六・一％）と奪おうとする子への攻撃（三三・三％）が多く発生する。ただ、攻撃行動は中期二三・九％、後期二三・一％と減少し、禁止行動が中期五七・二％、後期が五五・二％と前期よりも多くなってくる。相手から禁止され、攻撃されても、どうしてもそのおもちゃやその遊具で遊びたい時には、次にどんな行動が繰り広げられるのであろうか。この研究では三つの時期を通して多いのが攻撃行動（三六・二％）であった。また、注目すべきは、ダメ・拒否などの禁止行動に対して抵抗する行動が前期（一三・一％）、中期（十六・九％）、後期（二八・九％）と増加してくる。

要するに、二歳児クラスの乳幼児は自分が手にしたおもちゃや遊具を使用していて、取られそうになると相手への攻撃行動、ダメ・拒否などの禁止行動が高い比率で出現する。二歳児でも月齢が低い子ほど、後期になると物や場所の所有を主張することが認められる。これは同じクラスで生活するなかで、友だちに自己主張をすることができるようになり、「いざこざ」を繰り返すことにつながってくる。「いざこざ」の体験によって自分とは違う他者の存在を知り、相手に反撃すること、ダメとことばで禁止すること、さらに年齢があがると順番のルールを主張するなどの様々なコミュニケーションを駆使して、幼児なりの有効な方法を学んでいく。発話によるコミュニケーションに焦点を当てて、二歳児の自己主張の変化を野澤（二〇一三）は紹介している。デジタルビデオカメラで、ままごとやパズル、絵本やおもちゃ、三輪車、砂場あそびなど自然観察場面を撮り分析した結果、前期（五月から八月）では物の取り合いや攻撃など不快な情動を伴うことばを使う「いざこざ」が多く見られるが、中期（九月から十二月）になると平静な口調で「やめて」「だめだめ」「Bちゃんの、あっち」「これちがう」などと自己主張をする割合が多くなり、後期（翌年一月から三月）では、中期の特徴は依然として多いものの、平静なことばのみによる自己主張（「まってて」「いっかいだけよ」「あとで」）などが多くなる。このような変化は仲間との相互交渉の結果から、占有権の主張と共に、相手の気持ちを理解することができ、譲る気持ちが芽生えることと、友だちとつき合うルールを身につけることができるためと考えられる。

では仲間に入るのに、幼児たちはどんな行動を駆使しているのであろうか。興味深い研究がコーサロ（Corsaro, 1979）によって紹介されている。二歳十ヶ月から四歳十ヶ月の子どもについて、フィールドノートの記録とビデオテープの内容から、遊びへ入ろうとする行動とその時の遊び仲間の反応をエピソードとして記録し分析したものである。仲間入りの最も多い方法は、何も言わずに仲間入りをする（三四・三％）で、ついで進行中の遊びの類似行動（二五・三％）であった。破壊的仲間入り（七・三％）、周囲のうろつき（七・三％）も認められる。

質問や接近の許可依頼、あいさつ、保育者の仲介によって仲間入りをするのは五％以下であった。遊び仲間に入る最も成功率の高い方法は、進行中の遊びと類似した行動を取ることで、六四・二％が仲間入りに成功している。最も多くの幼児が利用した、何も言わずに遊びに加わる方法は、承認される割合が低く一五・八％であり、仲間とみなさず反応なしが五一・七％であり、拒否される割合も三二・五％と高い。仲間入りに成功する可能性が最も高い方法は、非言語的仲間入り→反応なし→遊びに入ろうとする仲間がしている類似行動→承認で、成功率は九〇％とほとんどが成功している。仲間入りを果たすには類似の行動を示すことが最も受け入れられやすいことが分かる。要するに、同じ遊びを近くで同調して行い、仲間入りが成功すれば連合的・協同的な遊びに発展し、遊びは次第に組織化されていく。

ただ、幼児期の子どもたちは「いざこざ」を通して、次第に友だちとのつき合い方を学ぶが、自然に相手に対する親密性が深まるとは言えない。多くの場合、仲間となった後でも、仲間との「いざこざ」やその仲間から排除されることが何度も生ずる。コーサロらの研究では、仲間集団に入るには、進行中の遊びの類似行動をとることが最も効果的であった。相互模倣や友だちとの同調行動がきっかけとなって遊びの仲間として認められるようになる。しかし、同じ遊び仲間になっても、時には排除されてしまうことがある。仲間づくりの過程で、親密な関係の仲間づくりに発展するのか、排除されてしまうのかは、子どもたちが仲間をつくって遊ぶ保育の環境（保育者の指導を含む）にも左右される。

キーワードは保育環境が「安心」な関係をつくる場所から、「信頼」関係を築く場所になるように、保育者が適切な指導を展開することである。岩田（二〇一一）は、三歳から五歳児を対象にした三年間にわたる縦断研究の成果から、幼児は子ども同士の「いざこざ」を通して、自己を主張し、その上で他者との違いを認めること、そして他者を理解することができるようになって、初めて「信頼関係」が生まれてくる可能性があると述べている。単なる仲良しグループによる「安心」できる関係から、自然に「信頼関係」へと発展することは少なく、「信頼関係」が生まれるような保育環境にする必要があることを強調する。それは保育者と子どもの関係、保育者同士、さらに保育者と親が率直に意見を言い、主張し合うことで相手を理解し合える雰囲気をつくることから生まれる。このことから学校教育が目指す真の協調的な態度を育成するには、児童生徒間の「信頼関係」、児童生徒と教師との「信頼関係」、学校と親との「信頼関係」が生まれることが必要条件になっている。

第２節　国により異なる保育者の指導と世界の動向

「いざこざ」やケンカの場面では、学生の報告にもあるように日本の保育者は積極的に介入することが少ない。「いざこざ」を通して子ども同士で攻撃的な行動や情動を抑えることを学ぶことをよしとする指導が多く、「子どもの喧嘩に親が出る」のを戒めることわざすらある。子どもの喧嘩にその親が干渉することを言うが、子どもたちは些細なことでよく喧嘩をする。たかが子ども同士の喧嘩に親がでしゃばると、かえって事を荒立ててしまうことになり、あまり干渉することはよくないと信じられてきた。このため、「小事に干渉することのたとえ」、また「大人げない」ことのたとえとして使われている。

ところが、国が異なるとケンカの場面に対する保育者の対処方法が異なっていた（Tobin et al., 1989）。日本・中国・アメリカの保育所について、登園から保育所の一日をビデオテープに録画して、それぞれ対象となった国以外の保育者や保護者・園長らに見せ、疑問点を質問してビデオ映像の当事国の保育者・保護者・園長らに説明してもらうことで、国によって保育者の態度が異なることをクローズアップした研究である。日本では京都の保育所が選ばれていたが、その保育所では、「思いやり」を育むために異年齢交流を取り入れていた。日本の保育所での「いざこざ」やケンカの様子が紹介され、保育者の対応について、アメリカと中国から疑問が出された。クラス集団から逸脱しがちで、他児に攻撃的な態度を取る男児がいて、その子が他の子を叩いたり蹴ったりするのを見ても保育者はあまり注意をしないことについてであった。子ども同士の「いざこざ」に、保育者はあまり介入しないで、子ども同士で自ら解決し、自己抑制を学ぶことを日本の保育者は望んでいるためであるとの説明があった。

中国では課題に取り組んでいる時や昼食の時には私語が禁止されていて、トイレは決まった時間にクラス全員で行くようなしつけがされていた。トイレの強制には他国から疑念が出されたが、「統制」「秩序」「管理」を保育の基本理念にして、これを貫くためであるとの説明があった。中国では三歳で入園するが、この年齢では友だちと仲良く遊ぶこと、玩具を独り占めしたり取ったりしないこと、友だちを叩いたり暴言を吐かないことをしっかり学ばせるのが保育者の役割であり、四歳になれば友だちと仲良く関わること、友だちを助けてあげることができるように教えられている。そして、中国には寄宿制度があり月曜日に登園して土曜日に自宅に帰る制度である。月曜日に登園して父親となかなか離れられない寄宿生に対して、中国政府の一人っ子政策のため、週末に親が甘えさせすぎると中国人の保育者はコメントをしている。

アメリカでは、幼児にはその日の活動に関して「選択の自由」が与えられている。要するに幼児であっても「自己決定」「自律」「独立」「個性」の発達を促すような教育環境になっていた。また、自分のことばでハッキリと相手に意志を伝えることができるように教え、自分の欲求や要求も言葉で表現するように教えられている。砂場でシャベルの取り合いによる「いざこざ」が起きると、日本の保育者とは異なって、アメリカの保育者はすぐに「いざこざ」に介入し、何が起きたかを説明するように当事者に求め、解決を図る。自分で遊んだおもちゃを片付けない幼児には注意するが、それでも保育者に従わない子には別室で特別のしつけを行う。

保育者、保育所の管理者、両親などへの質問紙で「子どもが保育所で学ぶ最も大切なことは何か」を聞くと、アメリカでは「独立心・自信」、中国では「協力と集団の一員になること」であり、日本では「共感・思いやり・他者への配慮」が最も高くなっていた。

劉・倉持（二〇〇八）は「いざこざ」に対する対応を通して中国と日本の保育者が異なった保育観をもち、指導も違うことをインタビューによって比較している。日本では四つの公立保育所の十名の保育者を対象として個別で実施した。中国では三つの公立幼稚園の五六名の保育者を集団インタビューで実施している。

「いざこざ」は相手のヘアピンを勝手に使ってしまったためにお互いが蹴り合うようなケンカになった映像場面である。「いざこざ」が幼児の発達に果たす役割については、日中の保育者ともにコミュニケーション能力（自分の思いを伝える力が身につく、お互いの気持ちをぶつけ合うことができる）と協調性（自分の気持ちを調整することができる、人への思いやりの気持ちが持てるようになる）を養うことができると答えている。ところが問題の解決スキルについては、中国の保育者は困難を乗り越える力が身につく、問題解決に必要なことばが身につく、自分を守る力が身に

表 3-1　ヘアピンへの介入後の行動（劉・倉持，2008）

カテゴリー	サブカテゴリー（ヘアピン後）	日本	中国
気持ちに寄り添う	先生は解決策を1人で決めてはいけない。	○	
	引っ張った子の気持ちに一度は添う。	○	
	まずは子どもの気持ちを落ち着かせる。	○	
子どもに任せる	子どもが結論を出す前に先生が答えを出した。	○	
	子どもには話合って解決策を考え出させる。	○	
	子どもに考える時間を与える。	○	
教え込む	物を直して，引っ張った子に反省させる。		○
	お互いに尊重し合うことを教える。		○
	「引っ張る行為は良くない」と伝える。	○	○
	引っ張った子に謝らせる。		○
	「貸して」という言葉を教える。		○
	「これはわがままだよ」と伝える。		○
	引っ張った子を無視する。		○
	2人の子に物を直させ，一緒に遊ぶように促す。		○
	仲直りできるようにしてやる。		○

つくことを挙げ、日本の保育者は解決策を自ら考えることのみを期待し、どう導くのか示すまでには至っていない。

中国の保育者観は、「いざこざ」に対して保育者が介入すべきだと考え、解決への道を子どもに明確に指導する。このため、ヘアピンを巡っての「いざこざ」の介入に保育観が反映されている。しかも、介入した後にも日本と中国の指導の違いがクローズアップされてきた。日本の保育者は「いざこざ」を体験した幼児に対して、それぞれの子どもの気持ちに寄り添い、対応は幼児たちに任せることが良いと考えている。

「いざこざ」にどのように対応するのかは子どもの社会性の発達に影響をする重要な課題である。日本では、「いざこざ」の原因をつくった子どもの気持ちと、相手から物を奪われ、さらに攻撃を受けた子どもの双方の気持ちに寄り添う指導を行っている。しかも、それぞれの子どもたちがすべて納得するような解決方法を見つけようとするために、幼少期の子ども同士の解決にゆだねることが多い。大人の保育者は十分に納得できる良い方法であっても、幼少期の子どもの理解はそれほど深くない。遊んでいたものを勝手に奪われ、しかも奪い返せないまま泣くしかできない子、奪い返そうとしてケンカになり相手が泣き出してしまった時、取られた子どもの気持ちに保育者はどこまで寄り添うことができるのかが問題である。自己主張できない子ども、奪われて抵抗できない子、そのような子どもたちにも保育所や幼稚園が安心して遊べる場所になるためには、悪いことや良いことを子どもの発達レベルに応じて指導をする必要があると思われる。乳幼児期から保育所に子どもを預けて働く母親が多くなった今日では、しつけは家庭でするものとのこれまでの常識に縛られていては、道徳的な行動の芽を育てる機会を潰《つぶ》してしまう。個々の子どもの自己主張がぶつかる「いざこざ」は自己主張と自己抑制を学ぶ絶好のチャンスである。仲間に対しての協調的な態度を育てるためには、幼児期から良いこと、悪いことに対してもっと明確に行動として保育者が介入すべきだと筆者は思う。

トービンらの研究では、アメリカの保育者の方が積極的に介入することを紹介し、しかも、集団遊びに入る必要はなく、幼児ですらその日に何をして遊ぶかを自由に選択できることで、自主・独立の精神を養うようなことが行われていることを思うと、集団遊びを強要することなく、幼児の自発性・自主性を尊重した活動が展開されるようにすることが望まれる。仲間と自発的に交流する内に、集団遊びに移行するような指導は大切である。さらに、「いざこざ」は自分とは違う他者の存在に気づき、仲間とのつき合いを学ぶ大切な場面である。この機会を利用して、感情を抑制すること、叩く・噛みつくなどの攻撃的行動を抑制すること、衝動的にならないことを学ばせるために、介入する必要がある。しかも、「いざこざ」を幼児同士の解決に任せるのではなくて、保育者同士が向社会的な行動を育てるような保育観を共有することが重要である。

乳児期から保育所を利用する割合が日本では増えてきている。厚労省（二〇一四）の調査によると、一歳から二歳児の保育所利用人数は六八九、六七五人（三三・〇％）であり、三分の一の乳児が保育所の集団保育を体験していることになる。しかも、日本では少子高齢化が急速に進行し、二〇一五年の安倍政権の下では「女性が活躍できる社会」を目指して女性の就労を奨励している。乳幼児を女性が家庭で育てる時代から保育所で預かる時代に入ったと言える。このため、これからは、家庭保育か、乳児保育かを問うのではなく、家庭と緊密に連携して保育の質を高める時代に入ってきた筆者は考える。

近年の世界の幼児教育の動向は、幼児期の養護と教育の質の問題に関心が集まってきている。マイノリティの子どもを多く抱える欧米では、子どもたちの就学時における不利な学習状況を改善するために、適切な多言語教育を実施することで学業や社会的行動が向上するという研究が報告されてきている。アメリカ、イギリス、フランス、ドイツ、スウェーデン、ニュージーランド、韓国は幼児教育を質的に充実するために、教育内容と評価の基準について検討を始めている。これまでは、養護と教育を一体的にして、政策的・制度的側面を改革することが行われてきたが、近年では、就学準備や「学校へのレディネス」を重視する方向に移行してきていると北村（二〇一三）は述べている。例えば、イギリスではナショナル・カリキュラムを設定したうえで統一的な評価基準を導入しているケースが一般的になり、韓国では幼保一元化を目指して「ヌリ課程」という共通カリキュラムを開発する動きもあると言う。

日本発達心理学会第二六回大会の招待講演にロンドン大学教育学専門大学院のサラジ教授（Siraj, 2015）による「幼児期における効果的な教育学が言語・数の発達に長期的に与える影響について」と題した長期縦断研究が報告された。六地域一四一の就学前施設の幼児三千人を対象として、五歳、七歳、九歳、一一歳の時点での子どもの知的発達（英語（国語）と算数）と社会性および行動の指標（自己抑制：自分の目標のために集中して物事に取り組むなど、向社会性：他者の感情に配慮するなど、多動性：休みなく動き長時間じっとしていられないなど、反社会性：法に抵触する問題行動が見られるなど）に関する追跡研究の報告であった。保育の質については、観察に基づき、空間・家具、個人的な日常のケア、言語・推理、活動、保育計画等七つの尺度スケールと、数・量・形の概念などのリテラシーについての四つのスケール、さらに保育者の関わり尺度（肯定的な関係性、厳さ、受容性、無関心）など二六項目からなる尺度を利用した大がかりな研究であった。その結果として、①養護と教育が一体化した施設が最も質が高く、その効果は一一歳まで持続すること、②公立の保育施設の方が私立よりも効果的であること、③保育の質の高さと認知発達は関連し、同様に社会性と行動の指標についても「自己抑制」「向社会性」「多動性」「反社会的行動や問題行動」にもプラスに作用することが挙げられた。この結果を受けて、既に五歳から義務教育になっているイギリスでは三歳から四歳児の幼児教育を無償化することに踏み切ったことが講演で報告された。

日本では子ども子育て支援制度の下で、幼児期の教育・保育に関わる保育者の資質や専門性の向上に向けた取り組みが始められた。保育と教育の二つの機能を充実させた幼保連携型認定子ども園が発足しているが、管轄する省庁の違い、設置の目的、運営金や補助金の違いによる壁が横たわっている。一方で、小一プロブレムの問題が学校側から指摘され、幼児期の保育・教育と小学校教育の連携は欠かせないとの意識が深まりつつあり、全体で半数近くの幼稚園や保育所は連携を図るようになってきている。さらに「いざこざ」への介入は、小学校の道徳教育へつながる絶好のチャンスである。幼児同士の「いざこざ」に対して、日本では伝統的に関わらない方が良いとの指導が強い。しかし、親が長時間働く時代に変わってきた今日では、家庭教育の重要な担い手として、幼児期から簡単なルールを守ること、自己主張と自己抑制を培う保育を実践する場にして欲しいと思う。

第３節　均質的な高い学力と協調性を養う日本の教育

日本の小中高等学校で何を学ぶのかについて、教師は学習指導要領に示された内容に沿って、多少の創意や工夫はあるものの、それほど異なった内容を教えることはない。どこの小中学校を見てもそれほど違いは見られない。全国どこでも均質性が保障されていることが日本の教育の特色になっている。二十年以上にわたってアメリカに住み続け、子育てを終えた筆者の知人は、子どもたちにある一定の高い学力の習得を保障し続ける日本の学校はとても優れ、誇れることだと彼女自身の日本に対する教育観を述べてくれた。そして、日本人の几帳面さ、時間に正確であること、様々な仕事を信頼して任せることができることなどは、やはり素晴らしいと称賛の声をあげていた。ただし、彼女の子どもは、二人ともアメリカの大学を卒業後、日本で就職する気はまったくないようで、日本は故郷であるものの、自由な国で育ち、自主独立の精神を培ったことで、日本社会に息苦しさを覚えているとも述べていた。

これは第1章で紹介したように、OECDによるPISAの学習到達度比較では、日本の一五歳の生徒は数学的リテラシー、科学的リテラシーは調査が始められた二〇〇〇年から常に上位を保ち、低いと言われた読解力についても、読解力の高いフィンランドの教育の利点を学校教育に取り込んで、朝の読書タイム、図書の充実、移動図書の活用、読み聞かせ運動、新聞の活用などに取り組んだ結果、二〇一二年度の調査では平均得点は八位と、かなり高い水準にまで順位を上げてきている。ただ、依然として興味や関心、学習の動機づけ、自己効力感は他国に比較して極めて低いのが目立つ。

小中学校では学習到達度が低い児童生徒を補助し、分かる授業を展開するために、二人で教える方法（ティーム・ティーチング）や習熟度別授業を実施し、さらに特別に支援が必要な児童生徒には特別支援員を置き、手厚く支援してきている。ただ、基本は一斉授業が中心で、均質的に教育することを目指している。毎年、児童生徒のクラスを決める場合にも、どのクラスでもクラス担任が同じような指導ができるようにするため、成績のバラツキを少なくして均等に児童生徒を割り振っている。さらに、協調的態度や人への思いやりを育てるために、集団学習の方法を取り入れ、グループの仲間同士で学び合えるように工夫をしている。教師が決めるフォーマルな学習グループ活動のねらいは、グループが協力し合って課題解決に導く体験をすることと、より深く学習内容を理解することである。例えば、できる子ができない子に一対一で教えることで、できない子は自分自身の学習の躓《つまず》きを理解し克服することができる。できる子はできない子に教えることで、いったん学習した課題を再学習することで学習内容を深めることができる。このように授業中の教科学習であっても、教師は児童生徒が相互に学び合い、協力し合うような学級運営をしている。教師によって決められたフォーマルなグループ活動は、基礎教科の授業場面だけではなくて、給食、掃除等学校生活の多くの時間と場面で児童生徒に集団行動の大切さを教える場になっている。例えば、給食の配膳、教材の準備、掃除、動植物の飼育などの活動を、児童生徒が決められたグループの仲間と共に行動し、協力することを通して学級の役割を果たす自覚を持たせ、学級が一つにまとまるような学習環境を整えるのに特に腐心しているのが日本の実態であろう。

第4節　自尊感情、自己肯定感が低い日本の児童生徒

第1章で紹介したように、一九八〇年代に日本の学校教育が注目されたのは、知的側面だけでなく「人への思いやり」「協調的な態度」を包括した人格教育が優れている点にであったが、近年でもそう言えるのかを別の観点から検討してみよう。児童精神科医の古庄（二〇〇九）は、児童生徒の日常生活でのＱＯＬを測定するために、ドイツのラーベンスｰジーベーレとブリンガー（Ravens-Siebere & Bullinger, 1998）が作成し、日本語に訳した尺度を利用した。ここで紹介するのは、その尺度を構成する一領域の自尊感情についてである。「自分に自信があった」「いろいろなことができるような感じがした」「自分にまんぞくしていた」「いいことをたくさん思いついた」の四項目が自尊感情を測定する項目になっている。日本の児童生徒を対象に調査を実施したところ、小学生では五十点強、中学生になると三十〜四十点、高校性では三十点と暗澹《あんたん》とした気持ちになるほど低かったと古庄は述べている（図３ｰ１）。ドイツの小学四年生から中学二年生の平均は六五点以上あり差は歴然としていた。

オランダの小中学生の平均は七二・五点であり、日本の小中学生の平均値の四六・一点と比較するとその差はさらに広がっていた。ユニセフの研究所が先進国の一五歳の生徒を対象にして幸福度調査をした。そのなかで、「孤独を感じる」と答えた上位三ヶ国は日本（二九・八％）、アイスランド（一〇・三％）、ポーランド（八・四％）となっていて、群を抜いて日本が高くなっている。ちなみに最も低いオランダ（二・九％）、スペイン（四・四％）、アイルランド（四・六％）で、その差が顕著であった。日本の生徒は学校や家庭でのストレスがどの国

よりも高くなっていた。日本の子どもの自尊感情が低い背景には、少子化時代に生まれ貴重な子どもとして両親や祖父母の過剰な期待を受けやすいこと、核家族化で親の悩みも直接受け止めざるを得ない家庭環境になっていること、そして学校では友だちに気をつかうために心が休まらない状況が原因となっている。学校での居場所がない、学校がつまらない、学校は疲れると、ストレスを抱えて児童精神科に通う子どもが苦しい心情を吐露すると古庄は述べている。

日本の学校に通っている中学生を対象にして、自己否定感に影響する変数を白川（二〇一二）は検討している。表3‐2は友だちとのかかわりについて、「自分の考えをはっきりと伝言できる」のは男女とも五〇％を超える割合であり、「『仲のよい友だちでも私のことをわかっていない』と感じる」については女子では四七・四％と半数近い生徒が信頼できる関係になっていない。しかも、「自分の気持ちと違っていても人が求めるキャラを演じる」と答えた割合は男子で三二・六％、女子で三五・六％と三割を超す生徒が気に入られるように素顔の自

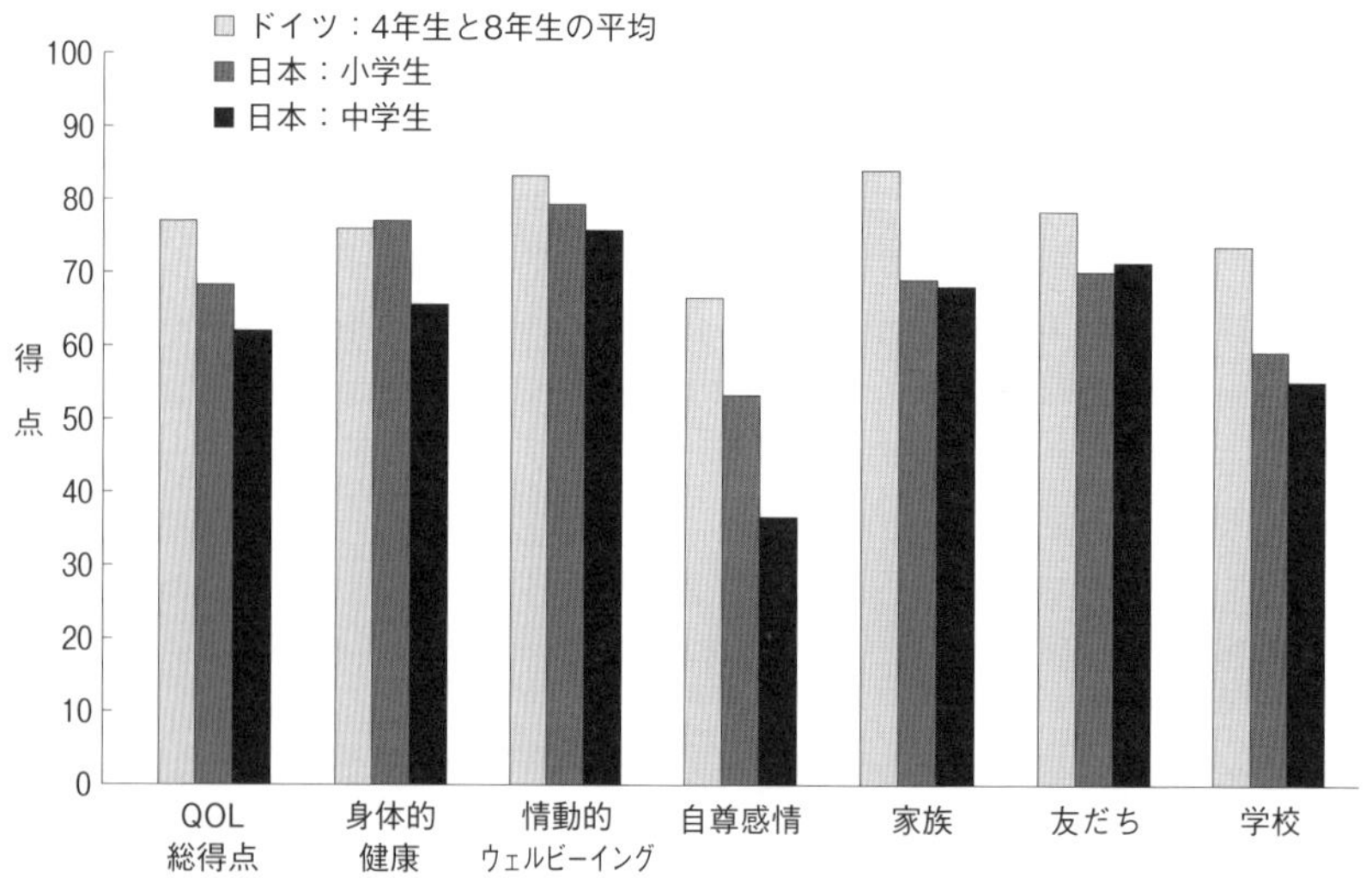

図 3-1　日本とドイツの QOL の比較（古庄，2009）

分を曝《さら》け出していない。さらに、表3-3から、「自分はダメな人間」と回答した生徒は五三・四％と高く、「どこかに今の自分とは違う『本当の自分』がある」との回答も五一・三％と驚くほど高い。今よりももっと理想とする自分があると肯定的に見る一方、「自分に自信がある」と回答した女子生徒は一七・四％で極めて低い。

自己否定感の高い群と低い群とを比較すると、①学力が高いこと、②先生からよく話しかけられる、③親からよくほめられる、④スポーツや余暇を親と楽しむ機会が多いなどの四つの項目が自己肯定感を高め、自己否定感を低くする効果があった。しかも②先生からよく話しかけられることは、学力上位群にも学力下位群にも共通して、自己否定感を低める効果はあったが、特に学力下位群には顕著な効果が認められている。③親からよくほめられることは、学力上位群のみに自己否定感を低くする効果があった。④スポーツや余暇を親と楽しむ効果については、学力下位群のみに効果が認められた。

一方、この研究からは授業方法の改善につながるような、議論をしたり意見を発表したりする参加型の授業や、

表3-2　友だちとのかかわり
（東京大学教育学部比較教育コース・Benesse教育研究開発センター，2011）

	男子	女子	全体
一緒に行動する友だちは決まっている	73.8	88.0	80.7
自分の考えをはっきりと伝言できる	54.4	59.4	56.8
悩み相談を受ける	34.3	71.0	52.3
「仲のよいともだちでも私もことをわかっていない」と感じる	38.3	47.4	42.8
自分の気持ちと違っていても人が求めるキャラを演じる	32.6	35.6	34.1

表3-3　自分自身について
（東京大学教育学部比較教育コース・Benesse教育研究開発センター，2011）

	男子	女子	全体
自分はダメな人間	48.6	59.0	53.4
どこかに今の自分とは違う「本当の自分」がある	51.2	51.7	51.3
自分には人よりすぐれたところがある	54.3	41.6	48.0
自分に自信がある	31.3	17.4	24.5

自分で調べてレポートなどにまとめるような授業方法の工夫を導入しても、自己否定感を低めるような効果は認められていない。

第5節　同調行動の落とし穴

学校生活で、仲間と協調すること、集団行動が取れることの意義は論ずるまでもないが、それが時としてマイナスに働くことがある。教師が決めたフォーマルなグループであっても、学校生活場面で一人ひとりの児童生徒の行動を拘束することになる。このため、フォーマルグループの仲間からいじめを受け続けるような場合には、精神的・心理的に大きなストレスとなる。例えば、筆者がスクールカウンセラーとして小学校で相談を受けたケースのなかに、精神的ストレスが引き金になって心身症の症状を呈した児童がいた。母親から相談を受けた小学五年生のK児は、一学期から自宅を出て学校までの登校距離でさえ頻尿を訴えるために、毎日、祖父が付き添って登校していた。この児童は頻尿および過敏性大腸炎と医者に診断されていた。このことについて、学校で仲間とうまくいっていないのではないかと母親が訴えてきた。担任教師はK児が甘やかされて育っているため神経質で引っ込み思案だと筆者に語った。そこで、学校でのK児の様子を、授業中、給食時間、掃除の時間とそれとなく観察してみることにした。そして、養護教諭から掃除の時に仲間外れにされているとの情報を得ることができた。K児の学習グループは四人で、授業の席も近く、給食、掃除の班にもなっていた。保健室の掃除当番に、K児以外の三人のメンバーは掃除をさぼって遊んでいたが、K児だけは一人だけ一心に掃除をすることで何かから逃れようとする様子が見受けられた。しかも、掃除中に急に尿意をもよおしたために、トイレに行こうとしたところ、三人のメンバーがわざと妨害してK児を困らせている現場を突き止めた。K児は一学期の初めから、教師の決めたフォーマルグループのメンバーによっていじめを受けていて、心因性の頻尿や過敏性大腸炎になっている可能性があると判断して、担任教師に相談した。二学期から担任教師は新しく席替えをする予定になっていると筆者に報告したために、早速、K児の負担にならないような優しい子と一緒のグループにすることを提案した。担任教師の席替えの配慮によって、K児の身体的な症状が急速に緩和されていった。

さて、小学校中学年から高学年になると、仲間と交わることを通して自分の顔や容姿、態度や行動などの外面的な側面だけでなく、自分自身が抱く内面的な態度や価値観に友だちと違いがあることを意識するようになる。ピアジェが遊びのなかでゲームのルールを内在化させて完全に使うことができるという一一歳から一二歳頃までには、仲間集団のルールや規範に対して同調傾向が強くなると考えられる。有倉（一九九六）は、同調行動を二つのカテゴリーに分類している。一つは同調行動とは言うものの、集団のルールや規範を自ら受容し、自分自身の意見や態度を変えるような内面的同調と、もう一つは自分の意見は変えないが集団のルールや規範に屈して表面的にその意見に従う表面的同調である。特に後者の表面的同調は仲間から好かれたい、嫌われたくないという欲求が強く影響する。表面的同調は、仲間から孤立することを恐れ、脅迫的に仲間へ同調することで、自立を脅かし、「自分づくり」の障害になりかねないと警告を発している。

本来は子ども同士の遊びを通して十歳頃までに二つの同調行動はうまく獲得される。特に十歳くらいになると、ギャングエイジと呼ばれるように、強い結束で結ばれた仲間集団を形成し、そのなかで模擬的な社会を体験し、早くから発達する表面的同調に加えて、内面的同調も獲得する。しかし、都市化、少子化、受験勉強の激化などで、ギャングエイジと呼ばれるような強い絆で結ばれた仲間と共有される知識や技能を通して、自分にとって大切なものは何か、自分らしい生き方は何かを考え、積極的に自らを変える内面的同調が少なくなり、近年の調査からは表面的同調が目立つようになってきている。

二〇一〇年の小中学生を対象にしたベネッセの調査では、友だちとのかかわりについて、小学生全体の八五・三%、中学生の七七・八%が、「友だちといつも一緒にいたい」と答え、「グループの仲間同士で固まっていたい」についても、小学生で五二・五%、中学生で五〇・九%と半数以上にのぼる。しかも、「仲間はずれにされないように話を合わせる」との回答は小学生で四四・四%、中学生で五一・六%と高く、仲間はずれにされないように同調的態度をとることが示されている。そのうえ、「友だちとのやりとりで傷つくことが多い」と回答した小学生は男子で二五・七%、女子で二八・八%、中学生では男子で二〇・三%、女子で二八・六%と、女子の方が男子を少し上回っている。仲間から疎外されることや否定されることに敏感な子どもが多く、友だちに対してとても気をつかっていることが推察できる。

中学生と親を対象にした東京大学教育学部比較社会コース・Benesse 教育研究開発センター協同研究（二〇一一）の調査でも、七〇%以上の生徒は行動する友だちが固定化し、女子では八八%が行動する友だちが決まっている。仲良しグループでは七一・〇%の女子生徒は悩みの相談を受け、親密な関係を築いているが、その一方で『仲のよい友だちでも私のことをわかっていない』と感じる」や「自分の気持ちと違っていても人が求めるキャラを演じる」が三〇%から四〇%以上にのぼり、予想以上に高いことから、自分の本心を相手に見せないで同調するつき合いが垣間見られる。

筆者は仲良しの友だちとのつき合いの変化を、小学四年生から中学三年生の九〇四名を対象にして仲のよい友だちとの会話場面を想定して、会話場面で、「自己開示し、親和的であるのか」「自己主張ができるのか」「相手に同調的に振る舞うのか」さらに「仲のよい友だちでもストレスを感ずるのか」を質問紙による評定値を因子分析（プロマックス回転）して各因子に負荷量の高い項目をそれぞれ加算して検討した（今川・譲、二〇〇六）。

図3‐2は仲良しの友だちとのつき合いで感ずる同調項目（「いつも自分の方が友だちに合わせようとする」、

「意見が違う場合にはしたがうのは自分のほうだ」）を「はい」「どちらともいえない」「いいえ」の評定値の平均で比較した。最高点は三点で最低点は一点である。小学生では男子の同調得点が女子よりも高い。しかし、中学一年生の女子では、同じ学年の男子よりも同調得点は高くなっている。中学2年、3年と学年が上がるほど男女ともに、同調得点は低くなっている。

　学年が上がるほど、男女ともに仲の良い友だちでも自分の態度や価値観を大切にし、自己主張するようになるためである。分散分析の結果、学年の主効果は、〇・一％水準で統計的に有意であった。学年と性の交互作用も五％水準で有意であった。「友だちには悩みを相談できる」「友だちと話をしていると安心できる」「友だちと話をしていると楽しくなる」「仲良しの友だちでも本当のことは話さない（逆転項目）」からなる自己開示親和得点については、学年の主効果は統計的に有意ではなかった。しかし、自己開示・親和得点は男子よりも女子の方が高く、性の主効果は〇・一％水準で統計的に有意であった。学年と性の交互作用が認められ、男子は女子よりも低いとはいえ中学一年生と三年生では女子との差が縮まっていた。

　なぜ女性の自己開示得点が男子よりも高いのかは、男女では

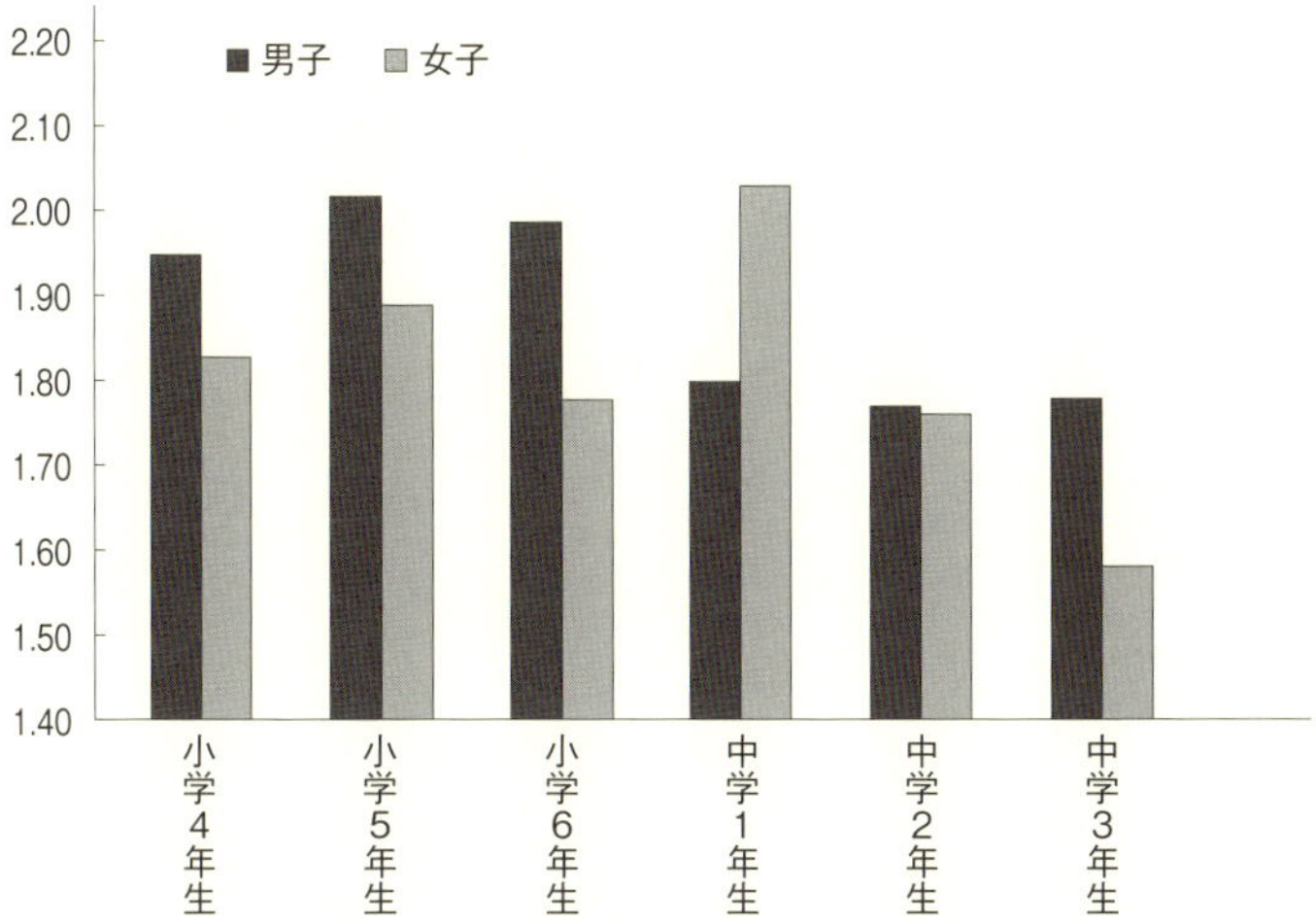

図 3-2　同調得点の経年変化（今川・譲，2006 より）

自己開示の価値観が違うことが挙げられる。一般に女性は同性の友だちに自分の気持ちや個人的な関心事を話すことに意義を置いているが、男性は個人的な話題を口にしたくないし、話すのを楽しいと思わないためである（Derlega, Metts, Petronio, & Margulis, 1993; 邦訳、一九九九）。しかも、子どもの頃から女子が男子よりも親密な会話を好む傾向があるのが性差を生む原因になっている。榎本（一九九七）は女性が男性よりも自己開示傾向が強いとの結果を支持し、この理由については、ダーレガとチェイキン（Derlega & Chaikin, 1976）が主張する男女の性役割の価値観が影響すると述べている。社会的には男性は強く無口で自分の弱い面は表面に出さない方が肯定的に評価され、逆に女性は多弁で感情的に不安定で自分の弱い面をつい出してしまっても、むしろ自己開示した方が肯定的に評価される。

次に筆者らは、「イライラすることがよくある」「よくけんかをする」の項目からなるストレス得点について同調得点との相関を算出した。表3‐4と表3‐5から、同調得点とストレス得点には、男女共通して統計的に有意な高い相関が見られた。男女共に、仲のよい友だちでも表面的な同調が強い

表 3-4　同調得点・自己主張得点・自己開示親和得点・ストレス得点の相関係数（男子）（今川・譲, 2006）

	自己開示親和得点	同調得点	自己主張得点	ストレス得点
自己開示親和得点		−0.064	0.012	−0.204**
同調得点			−0.031	0.606**
自己主張得点				0.006
ストレス得点				

** 相関係数は1%水準で有意（両側）

表 3-5　同調得点・自己主張得点・自己開示親和得点・ストレス得点の相関係数（女子）（今川・譲, 2006）

	自己開示親和得点	同調得点	自己主張得点	ストレス得点
自己開示親和得点		−0.115*	0.016	−0.146**
同調得点			−0.016	0.672**
自己主張得点				0.098*
ストレス得点				

** 相関係数は1%水準で有意（両側）
* 相関係数は5%水準で有意（両側）

ほど、ストレスは高くなる。仲のよい友だちと自己開示親和得点とストレス得点はマイナスの相関が見られ、自己開示し親密につき合えるほど、ストレス得点は低い。一方同調得点と自己開示親和得点とは、女子のみに低いマイナスの相関が認められた。男子については、同調的な態度は自己開示親和的態度と無相関であった。この結果から、表面的に同調することは、決して親和的で自己開示的な友人関係に発展することがない。楽しいはずの友だち関係であるが、嫌われないように友だちに気をつかい、仲間はずれにならないように相手の意見や行動に合わせるような表面的同調は、自らの個性を伸ばし、自己を確立するのをむしろ阻害してしまうことになる。

第6節　思いやりや協調性を育成するには

第1節で述べたように、幼児期には「いざこざ」を通して、次第に友だちとのつき合い方を学ぶが、自然に相手に対する親密性が深まることはない。幼児期では、多くの場合、仲良しになった仲間グループであっても、次にはその仲間から排除されることが何度も生ずる。ただ、仲間の集団に入るには、仲間と同じ遊びをすることや模倣行動を示すことで、遊び仲間として認められやすいことが知られている。同調行動は仲間として認識されるための最も効果的で手っ取り早い行動である。保育所・幼稚園が「安心」できる仲間関係をつくる場所から、「信頼」関係を築く場所となるには、子ども同士の「いざこざ」を通して、個々人がそれぞれ自己を主張し、その上で他者との違いを認めること、次にはその他者を理解することができるようになって、初めて「信頼関係」が生まれてくる素地ができてくるのである。幼児期には、保育者と子どもの関係、保育者同士、さらに保育者と幼児の親をまき込んで率直に意見を言い、主張し合うことで幼児の家庭との連携が密になり、理解し合える雰囲気がつくられていく。この連携こそが、信頼関係を生みだす基盤になる。

真の協調的な態度を学校教育で培うには、児童生徒間の「信頼関係」、児童生徒と教師との「信頼関係」、学校と親との「信頼関係」が生まれることが必要条件になってくる。小学校入学からは、新しい友人関係が生まれるが、幼児期とは違って自己をより明確に意識できるようになる。そして友人関係も広がり、仲良しグループが様々につくられていく。昼間放課、部活、下校後の自由な時間に、好きな相手と好きな遊びをする仲間である。このインフォーマルな集団での遊びを通して、本来は仲間とのつき合いを学び、内面的同調を通して自己を形成するのである。受験競争にそれほど拍車が掛かっていない一九五〇年代から一九七〇年代までの頃には、子どもたちは小学校高学年になると、特に気の合う仲間同士が集まって、強く結束した集団をつくった。このような集団は、大人からの干渉を排除し、仲間集団だけの掟《おきて》や秘密を共有することが多かった。結束力が強いため、約束を忠実に守り、仲間としての義務や責任が要求された。ギャングたちのように、集団の結束力が高く、自ら進んで掟や秘密を共有するという特徴があるため、発達的にこの時期をギャングエイジと呼んできた。仲間とのインフォーマルな集団活動によって、疑似的な社会を体験し、仲間のなかでの役割行動を学んでいった。しかし、少子化とともに、兄弟姉妹数が少なく、室内でのゲーム遊びが多くなり、ギャングエイジは姿を消してしまったようである。

さらに、敗戦から立ち上がり、ほとんどの国民が豊かな国を目指した時代には、国民一人ひとりが同じ一つの目標に向かって努力することができた。戦前と戦後生まれの高度経済成長を支えた世代の多くの人々は、中学・高校・大学を卒業し、会社に就職して「モーレツ社員」と言われるほど一丸となってしゃにむに働いた。戦後の食糧難の時代に脱脂粉乳のミルクとコッペパンの給食を食べ、一クラスが五十人以上に膨れ上がったクラスも珍しくなかった。それでも勉学に励み、親や教師の指示や命令には素直に従い、従順な児童生徒が多かったと思う。学校の授業はすべて一斉授業で、大多数の児童生徒は黒板に向かって勉学に励んだ。親は子どもの教育に熱心で、教師の指示に従わずに反抗する児童生徒は極めて少なかったと思う。運動会で整列、集団演技、組み立て体操を苦痛と感じていたのは筆者だけではなかったであろうが、この整列や演技を乱さぬように努力し、競技を盛り立ててうまくできた時の喜びを友人と分かち合ったことを今でも覚えている。

ところが、都市化・核家族化・少子化が進行し、個人の行動や表現の自由を抑制して画一化し同調させる集団は、日本人の日常体験の領域から急速にその数を減じてきたと大橋（一九九一）は指摘する。日本の児童生徒が、皆で一緒に掃除をすることは集団主義的行動であるが、そのような行動を取るからといって、皆が喜んでそうしていたわけではない。協調性を育てるために教科外の活動に集団的な行動をする仕組みをうまく取り入れているだけである。協調性を学校で育てることは重要であるが、地域社会が希薄化し、個人化する今日では、学校だけで育てることは困難になりつつある。

日本人はアメリカ人よりも集団主義的で、アメリカ人は日本人よりも個人主義的な心の持ち主だとの常識は、マスコミなどを通して信じこまされたものであり、日頃のしがらみや周りからの圧力によって集団主義的に行動するからだと山岸（二〇一〇）は述べ、学生を対象とした検証実験を組んでいる。日米の学生を対象にして、彼は三人一組のグループをつくり、その作業量に応じて報酬を与える作業をさせる実験を組んだ。二十回繰り返す作業で、毎回の作業量に応じて報酬が支払われた。ところがその報酬は、グループの成績に応じて三人に平等に支払われた。二十回の作業を一生懸命に励んだ人でも、怠けた人でも同じ報酬がもらえるようになっていた。この実験のからくりは、三人一組で作業するが、それぞれ別室で行われたことにある。この実験では、皆で一緒に作業して報酬を平等にもらうような集団主義的なやり方に不満をもつ人は、一匹オオカミとして自分でチャレンジするが、①作業量に応じて個人で報酬をもらう条件と、②もらう報酬は作業量の半分に減らされるが成績に応じた報酬を受け取れる条件をつくったところ、①の条件では成績の良い人ほど日米共通して同じ数の人がグループを離れ、両者に差は認められなかったが、②の条件では離れることによりリスクが高いにもかかわらず、成績の悪い人と同じでは「腹にすえかねる」と思う人が日本人の方で明らかに多く、グループを離れた。この結果からは、日本人の方が個人主義的に行動していたのである。

日本の集団主義文化は日本人の心のなかに存在するというよりも、日本社会の構造のなかに存在していると指摘した山岸（二〇一〇）の主張は、的《まと》を射ていると筆者は思う。子どもの数が減少し、下校後に公園、神社、お寺、広場で遊びまわる子どもの姿が見られなくなってきている。児童生徒が協調的で集団的に振る舞う唯一の学校では、学校という閉じられた環境であり、集団的に振る舞うことが好ましいとの価値観が、表面的同調やいじめを生みやすくしていることに留意するべきである。

引用・参考文献

Benesse教育研究開発センター　二〇一〇　第二回子ども生活実態基本調査報告書（小学四年～高二生を対象に）ベネッセ株式会社

Cosrsaro, W. A.　1971　We're friends, right? : Children's use of access rituals in nursery school. *Language in Society*, 8, 315-336.

Derlega, V. J., & Chaikin, A. L.　1976　Norms affecting self-disclosure in men and women. *Journal of Consulting and Clinical Psychology*, 44, 376-380.

Derlega, V. J., Metts, S., Petronio, S., & Margulis, S. T.　1993　*Self-disclosure*. Newbury Park, CA: Sage.（斉藤勇・豊田ゆかり（訳）一九九九　人が心を開くとき・閉ざすとき―自己開示の心理学　金子書房）

榎本博明　一九九七　自己開示の心理学的研究　北大路書房

本郷一夫　一九九六　二歳児集団における「異議」に関する研究　教育心理学研究、四四、四三五―四四四頁

古庄純一　二〇〇九　日本の子どもの自尊感情はなぜ低いのか　光文社

今川峰子・譲　西賢　二〇〇六　小学校・中学校における適応状態を生態学的に診断する試み―会話距離を利用した投映法の導入―　平成一六年度岐阜聖徳学園大学研究助成金研究報告書

岩田恵子　二〇一一　幼稚園における仲間づくり―「安心」関係から「信頼」関係を築く筋道の探究―　保育学研究、四九（二）、一一五

七―二一五頁
北村友人　二〇一三　国際比較を通した幼児教育の質に関する考察　平成二四年度文部科学省委託「幼児教育の改善・充実調査研究―諸外国（アメリカ、イギリス、フランス、ドイツ、スウェーデン、ニュージーランド、韓国）の幼児教育施設の教育内容・評価の現状や動向に関する調査および幼児教育の質的保証に関する国際比較研究」　七―一六頁
厚生労働省　二〇一四　保育所関連状況取りまとめ（平成二六年四月）　<http://www.mhlw.go.jp/stf/houdou/2r985200002khid-att/2r985200002khju.pdf　2015/7/25>
野澤祥子　二〇一三　歩行開始期の仲間同士における主張的やりとりの発達過程：保育所一歳児クラスにおける縦断的観察による検討　発達心理学研究、二四、一三九―一四九頁
大橋　幸　一九九一　「まとまり」のマイナス面―集団的同調行動の功罪　児童心理、四五（七）、二〇―二六頁
Ravens-Sieberer, U., & Bullinger, M. (1998). Assessing health related quality of life in chronically ill children with the German KINDL: First psychometric and content analytical results. *Quality of Life Research*, 5, 399-407.
Ravens-Sieberer, U., Görtler, E., Bullinger, M. 2000 Subjective health and health behavior of children and adolescents: A survey of Hamburg students within the scope of school medical examination. *Gesundheitswesen*, 62, 148-155. (Ravens-Sieberer, U., Görtler, E., & Bullinger, M. 2000 Subjektive Gesundheit und Gesundheitsverhalten von Kindern und Jugentlichen: Eine Befragung Hamburger Schüler im Rahmen der schulärztlichen Untersuchung. *Gesundheitswesen*, 62, 148-155.)
劉　海溝・倉持清美　二〇〇八　いざこざを通して見た中国の保育者の保育観―日本の保育者の保育観との比較から―　乳幼児教育学研究、一七、六三―七二頁
Siraj, I.　二〇一五　幼児期における効果的な教育学が言語・数の発達に長期的に与える影響について　日本発達心理学会第二六回大会招待講演　20th March, Tokyo.
白川由梨　二〇一一　学校環境、親子関係が子どもの自己否定感に与える影響―学力階層との関係に着目して　神奈川県の公立中学校の生徒と保護者に関する調査報告書　ベネッセコーポレーション　四〇―五〇頁
Tobin, J. J., Wu, D. Y. H., & Davidson, D. H. 1989 *Pre-school in three cultures: Japan, China, and the United States*. New Haven, CT: Yale University Press.
東京大学教育学部比較社会コース・Benesse教育研究開発センター協同研究　二〇一一　神奈川県の公立中学校の生徒と保護者に関する調査報告書　ベネッセコーポレーション
有倉巳幸　一九九六　好かれたい心理・嫌われたくない心理―同調行動はなぜ起こるか　児童心理、五〇（一六）、一四八一―一四八七

頁
山岸俊男　二〇一〇　心でっかちな日本人―集団主義文化という幻想　筑摩書房

4　児童生徒の学校満足度を支える要因の検討

第1節　友人関係は学校満足度を左右する重要な要因

今日の教育現場では、よくマスコミで取り上げられているように、いじめや不登校の問題が存在するが、多くの児童生徒たちはそれなりに学校生活を楽しんでいると思われる。文部科学省（二〇〇三）は、学校生活への満足度を、小学三年生（二、三六三人）、小学五年生（二、四〇八人）、中学二年生（二、二九六人）を対象にして学校生活への満足度を調査している。楽しい（満足）と答えた児童生徒は、小学三年生では五八・四％、小学五年生では四八・〇％、中学二年生になると二二・三％と学年が進むに従って楽しいと答える割合が低くなっている。少し楽しい（まあ満足）を加えると、小学校全体では九〇・四％、中学校二年生では七七・七％で、四人に三人はまあ楽しいと答えている。毎年、同じ項目で実施されている一宮市の調査（二〇一四）でも、小学一年生は楽しいが七九・四％、小学三年生六七・五％、小学五年生五九・八％、中学二年生四九・〇％であるが、どちらかといえば楽しいを加えると小学生は九〇％を超え、中学二年生でも九〇％弱と、文部科学

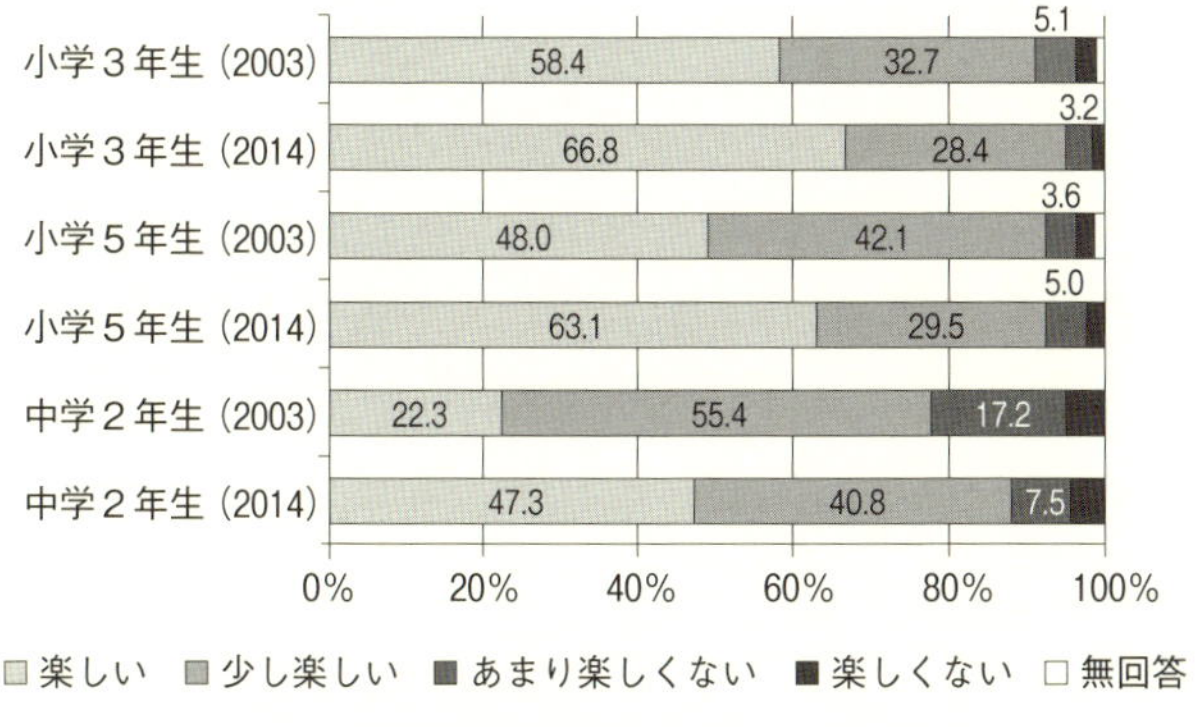

図 4-1　学校生活の満足度（2003 年は文科省調査）

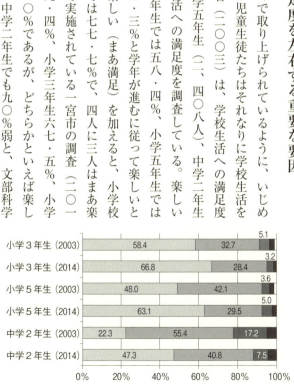

省の調査よりは高い。

では、いったい楽しさを支えている要因は何かを調べてみると、第一が友だちとの遊びや交流であり、小学三年生（九二・八％）、小学五年生（九四・五％）、中学二年生（九四・一％）と共通し、学校生活での満足度に友だちとの遊びや交流は最も重要な役割を果たしている。ついで楽しいと答えたのは学校行事で小学三年生は八〇・三％、小学五年生は六八・一％、中学二年生になると五八・三％と満足度は低くなる。クラブ活動・部活動については、小学五年生は六八・七％、中学二年生は六三・四％で差は少ない。勉強が楽しいと答えた割合になると小学三年生は五一・六％、小学五年生は三〇・三％、中学二年生は一四・三％と変化が大きく、特に小学校高学年から満足度が激減している。教師とのふれあいが楽しいと挙げた割合は小学三年生で四二・四％、小学五年生で三七・六％とかなり高く、中学二年生になると一四・九％とこれも中学生で激減する。

では学校生活で不満なことは何であろうか。友だちのことと答える割合は最も高く、小学三年生は五二・一％、中学二年生でも四四・九％に上る。小学五年生では授業がよく分からない、おもしろくないが最も多く、五九・七％である。次におもしろくないこととして友だちのことを四六・一％を挙げている。友だちとの遊びや交流は、学校生活ではと

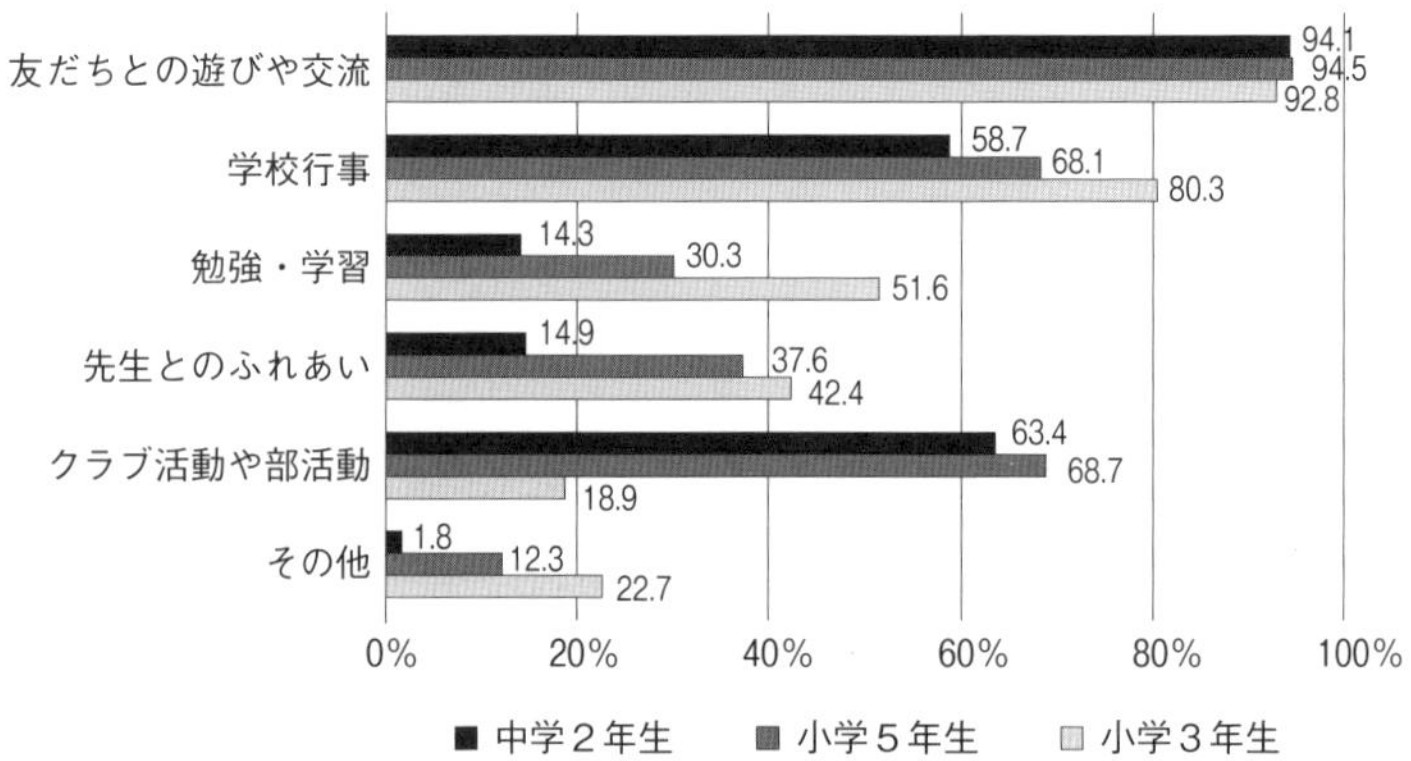

図 4-2　学校で楽しいこと（文部科学省，2003）

ても楽しい反面、これが学校生活での不満の原因にもなっている。さらに、授業の内容や教え方・進み方についての不満の割合は、小学三年生は四九・五％、小学五年生は五九・七％、中学二年生になると三七・二％になり、急に授業内容が難しくなる小学五年生が最も高い。教師への不満は小学三年生が一四・九％、小学五年生は一八・四％で、中学二年生になると高くなる。

友だちとの遊びや交流が学校生活で最も楽しい反面、友だちとのことも不満を抱いているが、ではどのような内容に不満を抱いているのであろうか。ベネッセ教育研究開発センター（二〇一〇）の子ども生活実態調査からは、友だちといつも一緒にいたい、グループの仲間同士で固まっていたいが、その反面で仲間はずれにされないように仲間に対して同調的態度を取ることが示されている。その上、友だちとのやりとりで傷つくことが多いと回答した小学生は男女共に四分の一を上回る。仲間から疎外されること、嫌なことを言われることで傷つくことを恐れ、友だちの言動に敏感で気をつかって学校生活を送っている児童生徒が予想以上に多い。このため、相手を思いやる心や協調的な態度は培われるが、自主的・自発的な行動や果敢に一人でも挑戦する態度は養われにくい。中学生の大半の生徒は、行動する友だちが固定化し、女子の固定化率は八八％に上る。小学校高学年以上になると自分の本心を相手に見せないで表面的に同調するつき合いも垣間見られる。

第2節　学校満足度に影響する友人関係のアセスメント

小中学校のいじめの定義を滝（二〇〇五）は、①集団内の構成員が互いに対等であるような立場で、②誰が加害者か被害者かに気づかぬままにいじめが深刻なものに進行し、③些細ないじわる行為や否定的な態度であっても、被害者がその集団から抜け出せない状況の下で、長期間にわたって繰り返し曝され続けることで深刻な苦痛を受けることと定義している。要するに、仲間の一員として認められているが、ある時、仲間関係に亀裂が入り、集団内の力のバランスが崩れ、いじめていたものがいじめられるようになる。いじめの被害者と加害者はその時々の状況によって変わる。既に一九九六年には「深刻ないじめは、どの学校にも、どのクラスにも、どの子どもにも起こりうる」という文部大臣による緊急アピールが出された。

学校生活が楽しい最も大きな要因は、友だちとの交流であり、特定の仲間と固まって集団をつくることで学校生活での安定感を得ている。しかしその反面、何かを契機に仲間同士の地位がアンバランスを生じ、仲間外れから時には深刻ないじめにまで発展することもある。そこで、いじめや不登校に陥りやすい児童生徒をアセスメントするために、河村（二〇〇四、二〇〇六、二〇〇七）は、学級内での個々の児童生徒の行動が級友から承認されているか、侵害されているかを示す尺度から支援が必要な児童生徒にいち早く気づき、援助するためのQ－U検査を開発している。このアセスメント検査によって、児童生徒の学級内での状態から、学級生活を満足して過ごす児童生徒が多い親和的な学級、乱れだした学級、そして学級生活に不満足の児童生徒が多く、崩壊した学級までを把握することができる。学級経営が困難になるクラスほどいじめ、不登校が多いと河村は指摘する。

幼稚園・保育所という幼児の生活の場でも、保育者と幼児の絆、保育者間の連携を基盤にして、安心でき信頼できる環境を整えることで、幼児同士の信頼関係が生まれてくる素地が生まれると岩田（二〇一一）は述べているが、小中学校でも、学級や学校が安心でき、信頼できる学級環境であれば、一人ひとりの児童生徒と教師の信頼関係、児童生徒同士の真の信頼関係を形成することができる。そのためには、仲間との表面的な同調ではなくて、自己開示できる親密な信頼関係が基盤になっていることが重要である。

河村のQ－U検査は友だちから承認されている程度と、友だちから侵害されている程度の二つの軸から診断している。しかし、望ましい信頼関係を築くには、仲間から認められ侵害されないように振る舞うことではなく、児童生徒が自分なりに個性を磨き、異なった友だちの個性を認め、理解し共感する人間として成長することである。このような自己形成は、自分の信念や意見は大切にし、その上で自己開示ができる親密な交友関係を築くことによって初めて成し遂げることができると筆者は考える。

第３節　親への信頼感が学校生活に及ぼすプラスの効果

日本の子どもは、親密な相互関係で結ばれた親やその他の身近な人々の期待を感じ取り、それを自分自身のものとして内面化して学習への意欲にすることを、東（一九九四）は日米比較研究から指摘している。日米比較研究は五、六歳児の親の養育態度の、子どもの読み・書き・知能への影響を比較したものである。幼児期では日本もアメリカも共通して「家庭の言語環境」や「将来期待」が読み・書き・知能にプラスに作用するが、日本では、前述の養育行動に加えて「母親の感受性・応答性」がプラスに作用する。さらに、幼児が一一、一二歳に成長した時に、再度子どもの知能・学業成績と親の養育態度の関係を追跡して検討したところ、日本とアメリカでは異なった結果が認められた。アメリカでは親の養育態度が一一、一二歳の子どもの知能や学業成績にプラスに作用することはなかった。ところが、日本では「母親の感受性・応答性」「家庭の言語環境」「将来期待」が知能・学業成績に影響していた。要するに母親の期待の程度が、アメリカでは学校に入ってからの学業の伸びにあまり関係しないのに対し、日本では学業・知能検査の成績にまで影響する。これは日本の子どもがアメリカの子どもよりも親や大切な人からの期待に動機づけられて、学習意欲を高める傾向が強いことを意味する。

学習を動機づけるものとして、学ぶことそのもの、学習教材そのものが動機づけになる内発的動機づけの理論がアメリカの心理学者によって日本に紹介されたが、結局、日本の教育現場ではあまり受け入れられなかった。

むしろ、日本の教育現場では学ぼうとする努力を重視し、家庭教育として親が子どもの学習習慣をつけるよう努力することが、積極的に学業に取り組む子どもを育てるとの伝統的な家庭教育観が続いてきたためであろう。

生徒の学校適応に親子関係が影響する研究が報告されてきている。酒井・菅原・眞栄城・菅原・北村（二〇〇二）は、母親に対して子どもが信頼感を抱くことが、教室でのリラックスした気分（ほっとする・楽しいなどの項目を含む）にプラスに作用し、反社会的傾向（先生に反抗したり乱暴したことがある・授業中つまらなくなって教室をぬけだしたことがあるなど）を抑制する効果が認められていた。しかも、子どもが母親に抱く信頼感は親友との信頼感と相関があった。次に、子どもが父親に抱く信頼感は、反抗的な気分（キレそうになる・イライラするなどの項目を含む）や不安な気分（さみしい・ひとりぼっちなど）を抑え、孤立化傾向の項目（学校のみんなから嫌われている気がする・学校ではみんなの中にうまく入れないなど）を抑制する効果が認められた。親友との信頼関係が形成されれば、学校では不安な気分に襲われ、孤立することが少なくなり、リラックスして過ごすことができる。学校適応に影響する親子相互の信頼関係とは、子どもが親に抱く信頼感であり、親が子どもを信頼することではなかった。

従来の愛着理論では母子関係を重視してきたが、この研究で注目すべきことは、子どもが父親に抱く信頼感が学校適応にプラスに作用していることである。さらに、親子が相互に信頼し合えている家庭の子どもは学校での適応が比較的良く、親子間での相互の信頼感が低い家庭の子どもは不適応な傾向にあることをこの研究は示している。

三浦（二〇〇三）は中学生を対象にして親による情緒的サポートと学校適応の関連を検討している。親が情緒的サポート（たいていあたたかい親しみのある調子で私に話しかける・私と話すのが好きだ）をしてくれていると十分に中学生が認知している方が、教師に気軽に相談し話すことができ、学校適応度は高い。また、自分の悩みを話せる友だちがいる、多くの友だちをもっているなど友人関係も良好であった。さらに親の情緒的統制を強く感じている子どもの方が、ホームルームでの態度やクラブ活動などの集団活動に適応しやすい。情緒的統制とは（私が困らせるようなことをするとよく腹を立てる・私がいらいらさせると文句を言う）などの項目から作成されている。養育者からの情緒的統制を受けている子どもの方が規則を守る、意識しなくても規則を守れるなどの道徳的行動につながっていた。

さらに、親の期待が生徒の社会的行動に影響し、学校適応にプラスに作用することを実証した渡部・新井・濱口（二〇一二）の研究がある。親から期待されるとはいっても、受け止め方によって違いがある。積極的に受け止める場合、負担に感じて受け止める場合、失望されないように回避する場合では異なる。親からの期待を積極的に受けとめる場合（期待されると自分を高められる・期待されると安心するなどの項目を含む）は、学校適応にプラスに働いていた。なぜならば、まだ自分自身の将来の方向性が明瞭になっていない中学生のような年齢段階では、親からの期待によって自己像を明瞭にするとともに、親によって形成された期待像に向かって有能な自己像を積極的に自己の内面に取り入れようとするためであろう。一方、親の期待に負担感を抱く場合（期待されると重荷になる・期待されると押し付けないで欲しいと感じるなど）は、自己像を不明瞭なものにして、自己価値観を低めることになり、時にはアイデンティティの危機を招くことにもなる。これらの研究から、学校生活での児童生徒の適応をアセスメントするには、親をどう認知しているかが重要な要因になっている。

第４節　学校適応ではなく学校満足度を指標にした理由

戸ヶ崎・秋山・嶋田・坂野（一九九七）は、学校不適応感に陥る状況の項目を因子分析することで、①友だちとの関係、②教師との関係、③学業場面の三つの要因が関与していると述べている。ペリーとウェンスティン(Perry & Weinstein, 1998)も、学校適応のための機能的側面として学業的機能、社会的機能、行動的機能の三つを挙げている。学業的機能には学習スキルや成績、そして学習への動機づけが含まれる。社会的機能は仲間や教師との人間関係の良し悪しである。行動的機能には感情、注意、自己抑制、向社会的行動が取れることなど個人的要因が含まれている。行動的機能は個人の生得的な要因もあるが、家庭環境や親の養育態度に影響を受け、学校入学時までに習得した行動様式である。

大対・大竹・松見(二〇〇七)は、ペリーらを参考にして学校適応をアセスメントするための三水準モデルを提唱している。彼らは学校適応を「個人の行動が学校環境において強化される状態」と定義し、その指標として主観的な学校での居心地の良さや学校が好きだと思う学校への肯定感を含めた学校適応感を包括的な指標として挙げている。その上で、学校適応のための水準一は育った家庭環境、物理的環境などによって行動的機能は培われ、子どもの感情統制、気分状態に影響する。水準二では水準一の行動的機能を基盤として、学校生活での学業場面や友人関係で、教師にほめられたり、仲間から承認されることで学校生活が楽しくなり、学習意欲を高め学業に励んだり、仲間の人気者になったりする。一方、教師からの叱責や仲間から疎外されると、自己肯定感は低くなり、孤立したり学業不振に陥ることにもなる。教師や仲間との関係によって「学校満足度」は左右される。水準三は学校適応感であり、水準2の学業場面、友人関係場面、教師との関係を反映したものになっている。ただ、大対らは学校現場での児童生徒の学校適応度をアセスメントして、モデルの有効性について確認するまでには至っていないが、学校生活の満足度を多面的にアセスメントするためのモデルとしては意義がある。

教師と児童生徒の関係は「学校満足度」を左右する重要な要因である。東京大学教育学部比較社会コース・ベネッセ教育研究開発センター協同研究(二〇一一)の調査では、自分はダメな人間、どこかに自分と違う本当の自分があるなど自己否定感をもつ生徒は五〇％を超えていた。しかし、自己否定感は先生から話しかけられることが多い生徒の方が低くなっていた。しかも、先生から話しかけられることは、成績の上位群・下位群にかかわらず自己否定感にプラスの効果をもたらしていた。教師の存在は、生徒の学力の如何にかかわらず、子どもの自己認知に大きな影響を与えていた。

戸ヶ崎ら（一九九七）、ぺリーら（一九九八）、大対ら（二〇〇七）は、学校適応を中心概念として研究を進めている。ところが、学校適応といっても、現実には荒れた小中学校、進学校、普通科高校など学校環境の違いにより、簡単に研究者自身が設定した基準で適応をアセスメントできないことが多い。ライアンとデシ（R. M. Ryan & E. L. Deci）の尺度を日本版にした大久保・加藤（二〇〇五）は、学校環境での適応の良さは児童生徒自身が所属する学校環境に合うか、または合わないかを内的基準として把握すべきであると指摘している。同様の指摘は久世・二宮・大野（一九八五）の研究にも認められる。大久保（二〇〇五）は荒れていない学校の方が困難校よりも友人関係は希薄であったが、教師との関係は荒れていない方が良かったことを報告している。大対ら（二〇〇七）も学校適応を定義しているが、その指標としては主観的な学校での居心地の良さや学校が好きだと思う肯定感を意味している。このため、筆者は学校適応について児童生徒を客観的に外から評価するよりも、主観的な尺度から構成される「学校満足度」を指標として用いることにした。

第５節　「学校満足度」にプラスに作用する友人関係・親子関係・教師との関係

１　研究のモデル

図４－３は筆者が「学校満足度」に影響する友人関係・親子関係・担任教師との関係を示したモデルである。

まず、「学校満足度」に影響する要因として、第一に友人への信頼感は「学校満足度」にプラスに作用する。仲間はずれを恐れ表面的に同調するような態度は「学校満足度」を低下させるが、親友に対して協調的に自分の行動を内面的に同調させる場合には、絆を深め結果として「学校満足度」を高める場合がある。同調的態度は無理に表面的に相手に合わせる場合と、自ら進んで自分の態度を改めつつ、友だちに合わせる場合があるため、結果的には「学校満足度」に直線的には影響しないと予想される。

　第二の要因には、担任教師への信頼感であり、先行研究から児童生徒の「学校満足度」にプラスに作用する。好きな先生の場合には授業は楽しく、学業にプラスに作用し、成績が上がることが多い。

　さらに、第三の要因として、親への信頼感は友人関係や「学校満足度」にプラスに作用する。日本のしつけや家庭教育は親子の絆をもとに行われ、親の期待をくみ取り、親の価値観を内面化することで、相手を思いやる心や協調的態度、感情・情動を自己抑制するように育っていく。これらの向社会的行動は、仲間から好かれ、交流が深まり、友だちとの信頼関係を築きやすくするのに役立つ。さらに信頼する親からの期待は、学習への意欲を高めることになる。親密な親子関係は、友人との信頼関係にプラスに作用すると同時に「学校満足度」にもプラスに作用すると考えられる。

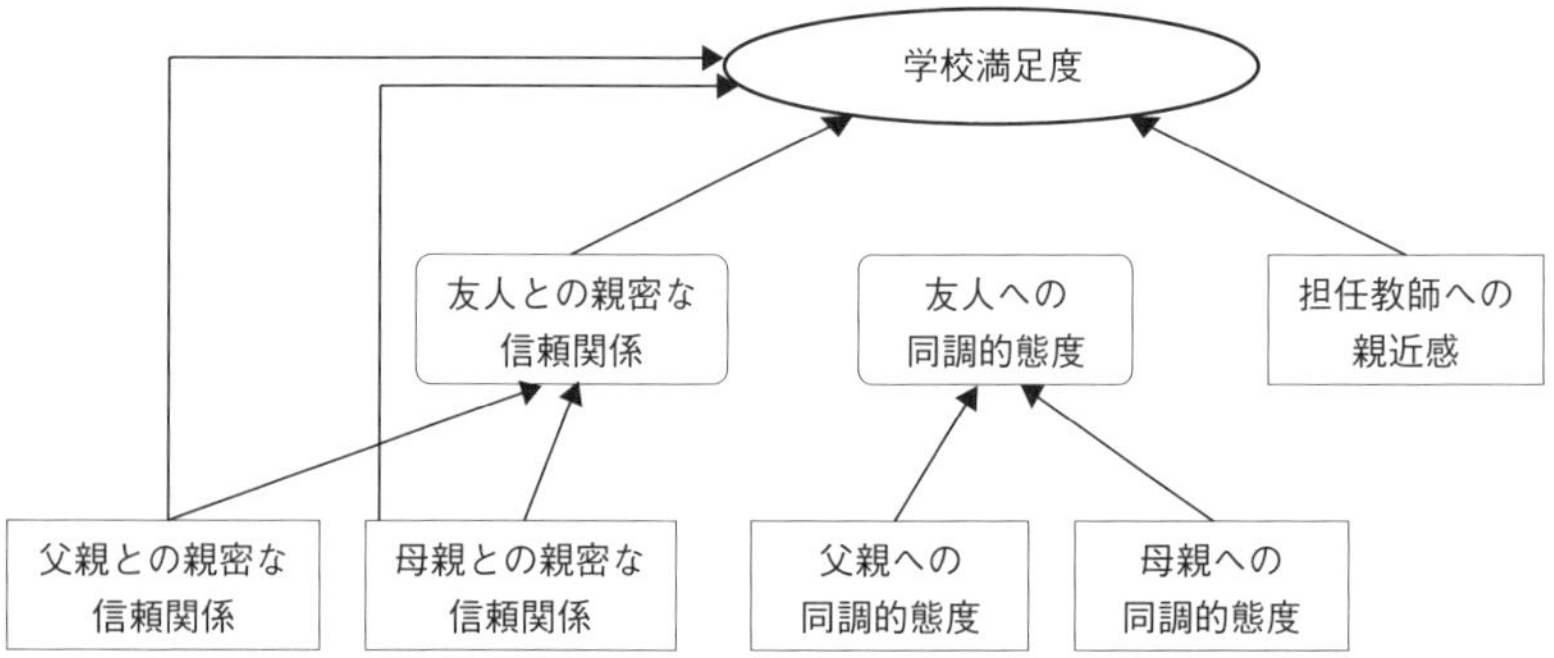

図 4-3　学校満足度に影響する友人・担任教師・親子関係のモデル

２　研究の方法（検査項目）

①「学校満足度」の指標

まず、多くの研究が学校適応として研究を進めているが、学業成績も悪くなく、教師から見て友人関係もうまくいっているように見えるが、内面的には友だちとのつき合いで傷つき、苦しんでいる児童生徒がいる。また、成績は悪くはないが、親の期待が大きすぎて何も言えず、しかも、本当は何がしたいのかが見えてこないで一人で苦しむ児童生徒もいる。学校適応ができているのか否かは、自分が所属する学校環境に合うか、または合わないかという本人自身の内面的基準から判断されるべきものである。文部科学省の「義務教育に関する意識調査」（二〇〇五）では、「学校は楽しい」「学校の授業はよく分かる」「学校の行事や体験活動に参加するのは楽しい」「学校での勉強は楽しい」の主観的な満足感を表す項目が使われている。そこで、これら四項目に「学校に行きたくないことがある（逆転項目）」を追加して五項目からなるアセスメント検査を作成した。「とてもよく当てはまる」を四点、「少し当てはまる」を三点、「あまり当てはまらない」を二点、「全く当てはまらない」を一点とした。主因子法で一個の因子を抽出した。逆転項目については得点を逆転させて、五項目を加算して合成得点を「学校満足度」と名付けた。五項目のα係数は〇・七七であった。

②友人への信頼感の指標

表４‐１は友人関係で使用した項目を示している。「学校満足度」の項目と同様に四段階の尺度に評定する方式で、項目ごとに得点化した。

第一因子に負荷量の高い項目は、自己開示・親和を示す六項目で、逆転項目は得点を逆転させて加算し合成得点を算出した。これを「友人親和」得点と名付けた。同様に第二因子に負荷量の高い六項目の評定値を加算して「友人同調」得点と名付けた。

「友人親和」六項目のα係数は〇・七〇、「友人同調」六項目のα係数は〇・七一であった。

③親子間の親密な信頼関係の指標

父親への信頼感と母親への信頼感の指標には、表4-2と表4-3に示した項目を使用した。

父母に対しての自己開示、親和項目（安心して悩みをうちあけることができる、どんなことでも相談すると安心できるなど）と同調項目（意見が違う時には合わせるようにしている、言い争いにならないように、あまり自分の意見は言わないなど）から親子関係をアセスメントすることを試みた。

実際の検査では、あなたがお父さん（または、お母さん）と話をしている時を思いうかべてくださいと教示し、「学校満足度」の項目と同様に、四段階の評定を求めた。一二項目の評定値を基にして二因子を仮定して主因子法、プロマックス回転を実施した結果を表4-2と表4-3に表示した。第一因子に負荷量の高い項目は、自己開示、親和を示す六項目で、四段階評定に応じて点数化し、逆転項目は得点を逆転させて加算

表 4-1　友人関係の項目の因子分析結果

	*F*1	*F*2	共通性
*F*1　自己開示・親和（α =.75）			
困ったとき友達に相談すると安心できる	.78	−.12	.62
仲のよい友だちに相談すると安心できる	.78	−.08	.62
友だちに安心して，甘えることができる	.70	−.05	.50
仲のよい友だちでも，裏切ることがあるかもしれないので信用できない（逆転項目）	−.60	.11	.35
友だちとは表面的な話をして，深くつき合わないようにしている（逆転項目）	−.57	.08	.30
仲のよい友だちであっても，本当の気持ちは知られたくない（逆転項目）	−.54	.21	.32
*F*2　同調（α =.65）			
ケンカにならないように，友だちにはできるだけ従うようにしている	−.18	.66	.44
友だちを失いたくないから，相手の意見にあわせようとする	−.13	.65	.39
言い争いにならないように，あまり自分の意見を主張しないことが多い	−.07	.61	.44
ケンカになってもいいから，自分の意見をはっきり言うことが多い（逆転項目）	−.06	−.60	.36
友だちと意見がちがう場合には，自分の意見をとおすことが多い（逆転項目）	.17	−.56	.26
正しいとおもったことは，友だちと意見がちがっていても主張することが多い（逆転項目）	.07	−.52	.31
因子寄与	2.94	1.97	
因子間相関	*F*1	−.15	

表 4-2　父子関係の項目の因子分析結果

	*F*1	*F*2	共通性
*F*1　自己開示・親和（α =.80）			
父親には安心して悩みをうちあけることができる	.82	.09	.73
どんなことでも，父親に相談すると安心できる	.80	.13	.77
父親はいつも信頼できる大切な人である	.65	.11	.45
父親であっても，自分の本当の気持ちは知られたくない（逆転項目）	−.56	.06	.48
父親であっても，自分のプライバシーまでは立ち入られたくない（逆転項目）	−.51	.01	.41
これまで父親に甘えたことがない（逆転項目）	−.48	.05	.27
*F*2　同調（α =.70）			
意見がちがうときには，父親に合わせるようにしている	.15	.63	.50
言い争いにならないように，あまり自分の意見を言わない	.15	.63	.48
父親と意見がちがうときには，自分の意見を言わないことが多い	−.08	.62	.44
父親と意見がちがうときは，自分の意見をとおすことが多い（逆転項目）	−.09	−.59	.56
父親の意見に従えないときには，自分の意見をしっかり言うことがある（逆転項目）	−.05	−.58	.47
自分の意見をとおそうとするために，父親と言い争うことがある（逆転項目）	−.21	−.50	.41
因子寄与	2.61	2.14	
因子間相関	*F*1	−.07	

表 4-3　母子関係の項目の因子分析結果

	*F*1	*F*2	共通性
*F*1　自己開示・親和（α =.79）			
どんなことでも，母親に相談すると安心できる	.82	.11	.68
母親には安心して悩みをうちあけることができる	.79	.09	.62
母親はいつも信頼できる大切な人である	.68	.17	.48
母親であっても，自分の本当の気持ちは知られたくない（逆転項目）	−.54	.06	.30
母親であっても，自分のプライバシーまでは立ち入られたくない（逆転項目）	−.52	.01	.27
これまで母親に甘えたことがない（逆転項目）	−.42	.05	.18
*F*2　同調（α =.76）			
言い争いにならないように，あまり自分の意見を言わない	−.09	.66	.51
意見がちがうときには，母親に合わせるようにしている	.07	.63	.39
母親と意見がちがうときには，自分の意見を言わないことが多い	−.12	.60	.38
母親であっても，譲れないことはしっかり主張することがある（逆転項目）	−.04	−.59	.35
母親と意見がちがうときは，自分の意見をとおすことが多い（逆転項目）	−.13	−.54	.30
自分の意見をとおそうとするために，母親と言い争うことがある（逆転項目）	−.18	−.53	.30
因子寄与	2.57	2.16	
因子間相関	*F*1	−.15	

し合成得点を算出した。これを「父親親和」得点と名付けた。同様に第二因子に負荷量の高い六項目の評定値を加算して「父親同調」得点と名付けた。「父親親和」六項目のα係数は〇・八〇であり、「父親同調」六項目のα係数は〇・七〇であった。母親についても父親同様の方法で「母親親和」得点と「母親同調」得点を求めた。「母親親和」六項目のα係数は〇・七九であり、「母親同調」六項目のα係数は〇・七六であった。

④教師への親近感の指標

東京大学教育学部比較社会コース・ベネッセ教育研究開発センター協同研究（二〇一一）の調査では、自分はダメな人間、どこかに自分と違う本当の自分があるなど自己否定感をもつ生徒は五〇％を超えていたが、この自己否定感は先生から話しかけられることが多い生徒の方が低くなっていた。しかも、先生から話しかけられることは、成績の上位群・下位群にかかわらず自己否定感にプラスの効果をもたらしていた。教師の存在は、学力にかかわらず、子どもの自己認知に大きな影響を与えていた。

ただ、担任教師との関係は友人関係や親子関係ほど深い関係ではない。時々声を掛けられ、話をすることで、児童生徒は教師への親近感や信頼感を抱くことになる。教師との関係については、親近感や魅力・好意の程度が測定できればよいために、パーソナル・スペースを指標として利用した。パーソナル・スペースは相手に対する好意度や親密度を測定するのに適している。しかも、検査を簡便にして調査協力者の負担を軽くする利点がある。パーソナル・スペース（以後ＰＳと省略する）とは身体をとりまく目に見えないバブルのような空間領域で、他者がＰＳに侵入した時に、不快感を抱き、回避する。相手との会話をする位置は、相手と親しく交わりたいとする力と、その反面、近づきすぎて相手に不快感を与えるのを回避しようとする力の均衡によって決まる。このため、相手との対人距離は、親和と回避の葛藤を経て、最も均衡した位置を示す。この理論はアーガイルとディーン（Argyle & Dean, 1965）によって親和葛藤の均衡モデルとして提唱された。相手と接近しすぎると、不快の

【設問７】左の人物は、担任の先生（女性の場合）だと思ってください。あなたが先生に話しかける場面を想像《そうぞう》して、あなた自身のシールをはりつけてください。

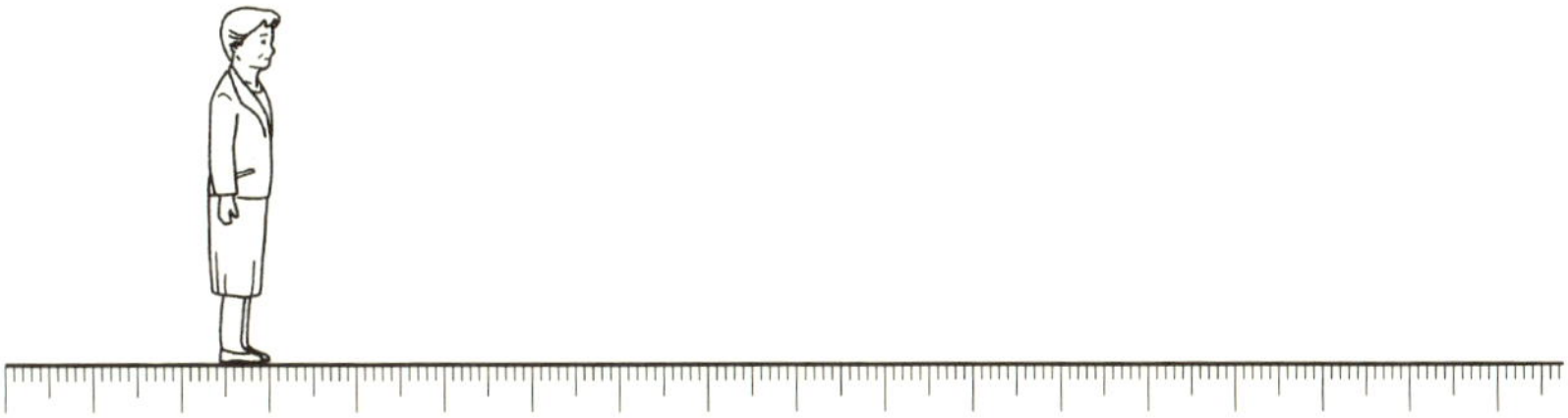

【設問８】左の人物は、担任の先生（男性の場合）だと思ってください。あなたが先生に話しかける場面を想像《そうぞう》して、あなた自身のシールをはりつけてください。

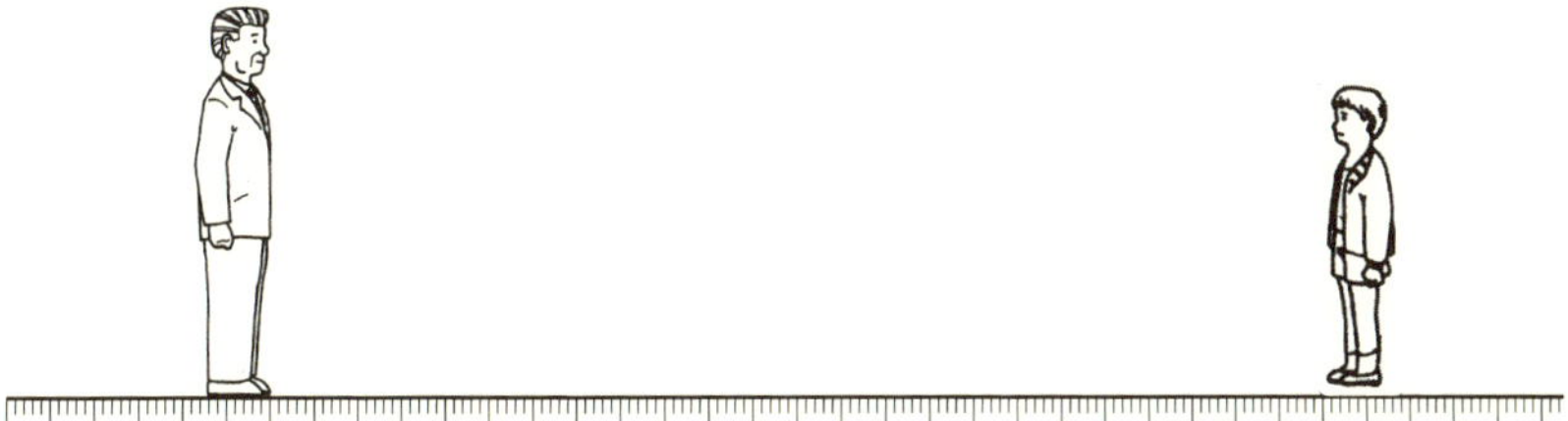

【設問９】左の人物は、保健室の先生だと思ってください。あなたが保健室の先生に話しかける場面を想像《そうぞう》して、あなた自身のシールをはりつけてください。

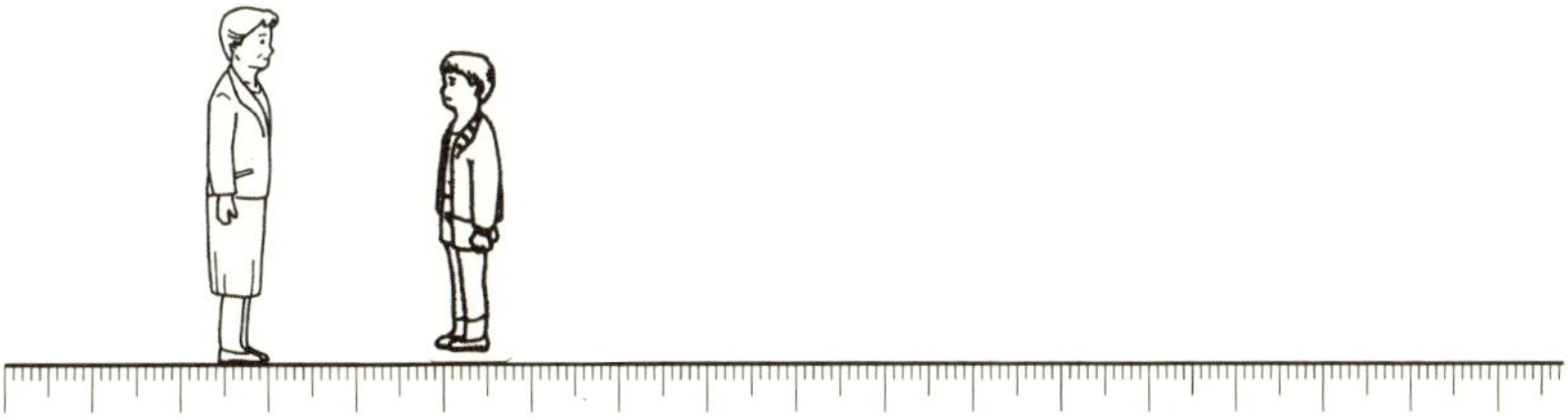

図 4-4　担任 PS の測定（今川・三島，2012 より）

情動が喚起され、均衡点付近では快の情動が最も強いことを、エィーロ（Aiello, 1977）やエィーロとトンプソン（Aiello & Thompson, 1980）の研究は支持している。人は知り合いや親しい人物との対人距離は接近し、逆に見知らぬ人物や嫌な相手とは離れた距離で会話することになる。図4-4は教師への親近感の指標として使用した担任PS（担任とのパーソナル・スペース）を示している。

⑤予備調査による指標の妥当性の確認

X小学校五年生（男子五五名、女子四六名）とY中学校二年生（男子四九名、女子四二名）を対象に実施した。実施の要項を両校の校長・教頭に説明し、それを受けて二〇一一年十月に担任教師が児童生徒に説明して実施した。検査に要する時間は約一五分から二五分であった。

「学校満足度」のZスコアがマイナス一・五以下の児童生徒については、教師評価と一致していた。そして「友人親和」が低く、非協調的な児童生徒は、学校で勝手に振る舞い、孤立している点では担任教師による学校の日頃の態度とほぼ合致するとの意見が得られた。ただ、小学五年生のあるクラスで「友人同調」得点が高く、「友人親和」得点が低い女子児童二名は、アセスメント検査では友人関係でストレスを抱えていると思われるが、担任教師は「おとなしい子」とのコメントだけであった。また、中学二年の学級委員を務める生徒が、「友人親和」得点と「友人同調」得点が共に低い結果を示したことに担任教師から異論が出された。教師の目とアセスメント結果の不一致については、男子生徒が回答を故意に歪めたのか、教師が十分に生徒の心情に気づいていなかったのかまでは判断できなかった。中学校の養護教諭のPSが離れている生徒が多い点を検討会で問題にしたところ、この中学校の養護教諭は生徒にとても厳しく、実態を反映しているとの説明を受けた。親子関係については、担任教師から詳細は分からないとの回答が多かった。この予備調査への意見を参考にして、本調査を実施した。

3　研究の方法（調査協力者と実施方法）

二つの県の三小学校と三中学校に調査を依頼し、二〇一二年一月から二月に実施した。実施については、あらかじめ実施方法について調査者が小学校・中学校の調査協力校に訪問して実施の手順を説明し、その後、各学校に検査用紙「自分らしさを活かしてつきあう」を送付した。特に留意したのは、片親家庭の児童生徒への配慮であった。「答えられない設問については答えなくてよい」とあらかじめ担任教師に教示してもらうように依頼した。調査協力者は一、七五九名であったが、調査内容の不備なものを除外し、最終的に分析データとして利用したのは、小学四年生（男子一二三名、女子一二六名）、小学五年生（男子一三一名、女子一三六名）、小学六年生（男子一三一名、女子一二八名）、中学一年生（男子一三五名、女子一三六名）、中学二年生（男子一二七名、女子一三七名）、中学三年生（男子一二六名、女子一二八名）の一、五六四名であった。片親家庭の場合（父親または母親）とそのPSが一致しているケースはデータとして採用したが、違うものは除外したことと、「学校満足度」の項目が一項目でも評定もれがある場合は除外したことがサンプル数の減少になった。

4　結　果

①「学校満足度」とこれを支える要因の分析

「学校満足度」五項目の学年別・性別の推移（平均値）を示したものが図

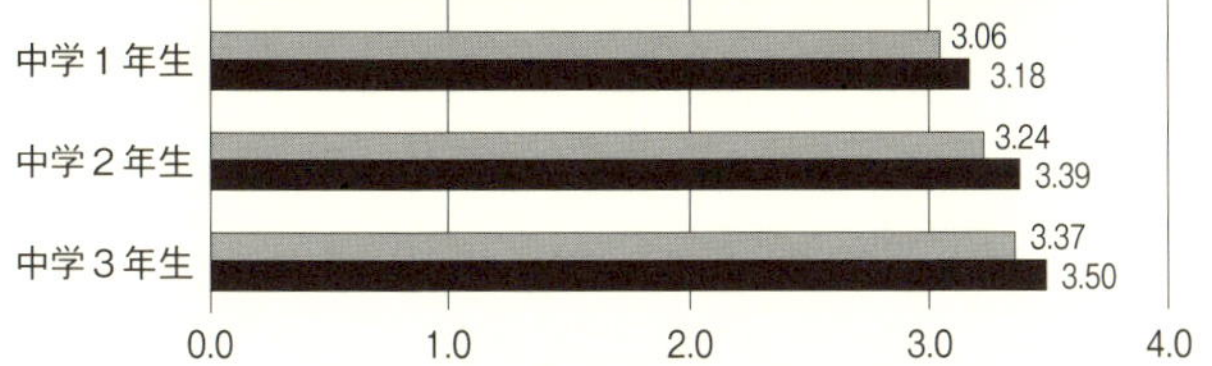

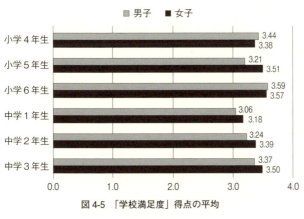

図 4-5　「学校満足度」得点の平均

4-5である。小学校の方が中学校よりも「学校満足度」は高く、分散分析の結果からは学年の主効果は〇・一%水準で統計的に有意であった。しかし、性の主効果（男・女）は、統計的に有意でなかった。ただ、学年と性の交互作用が一%水準で有意であり、中学校ではすべての学年で女子の方が男子よりも「学校満足度」が高くなっていた。

多重比較から、男女共に小学生が中学生の「学校満足度」よりも高く、その差は統計的に有意であった（小四・小五・小六＞中一・中二・中三）。小学校から中学校に入学して約十ヶ月経過した中学一年生の「学校満足度」は大きく低下していた。いわゆる中一ギャップが認められている。

ただ、中学二年・三年に上がると女子は中一が中二・中三よりも低く（中二・中三＞中一）、この中学校での学年差が統計的に有意であった。

表4-4は小・中学生の「学校満足度」の平均値を示したものである。項目別に表示したが、中学一年生（一部五年生男子を除く）が最も低い。5項目中、「学校の授業はよく分かる」と「学校での勉強は楽しい」の二項目は、特に学年が上がるに従って当てはまると答える割合が急激に減少していた。「学校に行きたくないことがある」は男子では小学五年生が、女子では中学一年生が最も高い。

表 4-4　学校満足度の項目別の学校推移と男女差

	学校は楽しい		学校の授業はよく分かる		学校の行事や体験活動に参加するのは楽しい		学校での勉強は楽しい		学校にいきたくないときがある	
	男子	女子	男子	女子	男子	女子	男子	女子	男子	女子
小学 4 年生	3.44	3.38	3.41	3.19	3.41	3.52	3.02	3.22	1.81	1.98
小学 5 年生	3.21	3.51	3.21	3.28	3.47	3.31	2.90	3.12	2.30	2.04
小学 6 年生	3.59	3.57	3.43	3.23	3.61	3.53	3.23	3.08	1.82	1.95
中学 1 年生	3.06	3.18	2.81	2.71	2.95	2.90	2.58	2.46	2.04	2.24
中学 2 年生	3.24	3.39	2.92	2.85	3.09	3.36	2.59	2.70	2.17	2.07
中学 3 年生	3.37	3.50	2.94	2.87	3.19	3.34	2.58	2.75	2.05	2.05

5 「学校満足度」と七つの指標との関連

①小学生の「学校満足度」と七つの指標の相関係数

小学校では基本はクラス担任制で同じ教師がほとんど授業を担当する。一方、中学校では教科担任制が実施され、クラス担任がいつも授業を担当するわけではない。「学校満足度」は中学生よりも、小学校の方が高く、その差は統計的に有意であったことから小学校と中学校を分けて分析した。

まず、小学生の「学校満足度」に影響する要因を探るためピアソンの相関係数を利用した。表４‐５は「学校満足度」と七つの変数の相関係数を示したものである。「学校満足度」との相関係数が五％水準で有意（両側検定）な変数は六変数であった。そのなかで、相関係数が±〇・二〇以上または以下の変数は、「友人親和」「父親親和」「母親親和」「担任ＰＳ」であった。「学校満足度」が高いほど、「友人親和」「父親親和」「母親親和」は高く、「担任ＰＳ」は接近していた。

「友人親和」との相関係数が五％水準で有意（両側）な変数は六変数であった。そのなかで、相関係数が±〇・二〇以上または以下の変数は、「学校満足度」「父親親和」「母親親和」であった。

「友人同調」との相関係数が五％水準で有意な変数は六変数であった。そのなかで、相関係数が±〇・二〇以上または以下の変数は、「父

表 4-5　学校満足度を支える７つの変数の相関（Pearson の相関係数）

	学校満足度	友人親和	友人同調	父親親和	父親同調	母親親和	母親同調	担任 PS
学校満足度	1	.403**	−.081*	.314**	−.037	.316**	.074*	−.221**
友人親和	.403**	1	−.134**	.278**	−.089*	.292**	−.008	−.166**
友人同調	−.018*	−.134**	1	−.079*	.239**	−.075*	.265**	−.068
父親親和	.314**	.278**	−.079*	1	−.037	.526**	−.007	−.098**
父親同調	−.037	−.089*	.239**	−.037	1	−.016	.382**	.031
母親親和	.316**	.292**	−.075*	.526**	−.016	1	.020	−.157**
母親同調	.074*	−.008	.265**	−.007	.382**	.020	1	−.062
担任 PS	−.221*	−.166**	−.068	−.098**	.031	−.157**	−.062	1

** 相関係数は１％水準で有意（両側）
* 相関係数は 5％水準で有意（両側）

親同調」「母親同調」の二変数のみであった。友人への同調的態度は父親・母親との同調的態度と関連し、父親・母親に同調行動を示す児童は友人にも同調行動を取りやすい。ただ、「友人同調」は「友人親和」と低いマイナスの相関が認められ、しかも「父親親和」と「母親親和」とも低いマイナスの相関が認められている。

「父親親和」と「母親親和」には高いプラスの相関が見られ、さらに「父親同調」と「母親同調」にも高いプラスの相関が見られた。児童生徒が両親に示す信頼感は共通していて一貫性が高い。また「担任ＰＳ」と「父親親和」には低いマイナスの相関が見られる。「父親親和」が高いほど「担任ＰＳ」は接近した距離を取り、親和的であることを示している。

②小学生の「学校満足度」を支える要因のパス解析

図４‐３のモデルを基にしてパス解析を実施した。「学校満足」と「友人親和」を内生変数としてパス図を作成したものが図４‐６である。モデルの適合度は良いと判断できる。

「学校満足度」を支える要因は、「友人親和」「父親親

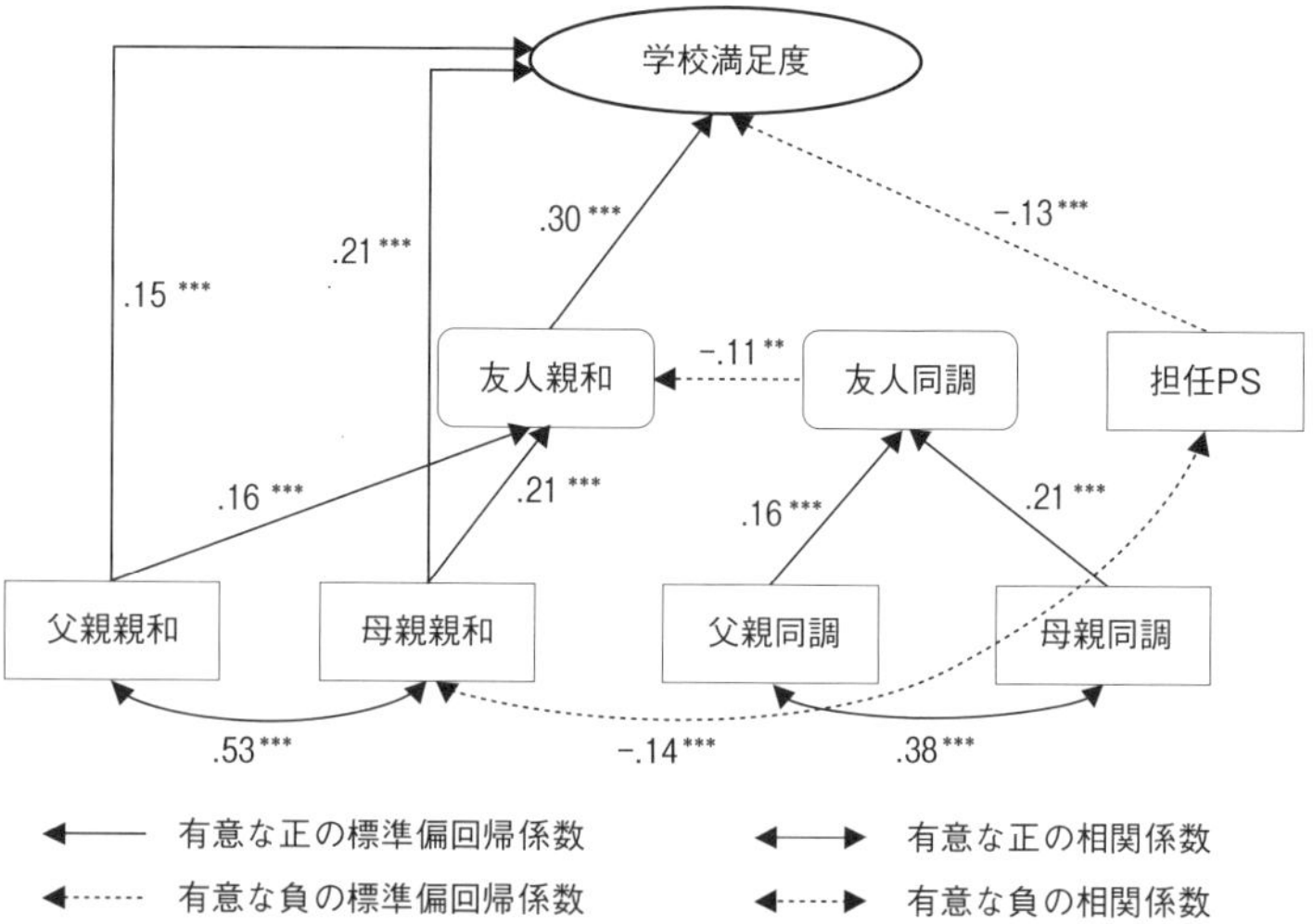

$N=743$, $\chi^2=97.40$, $p=.000$, $GFI=.98$, $ACFI=.96$, $CFI=.96$, $RMSEA=.04$ で，モデル適合度は良いと判断できる。

図 4-6　小学生の学校満足度，友人関係に寄与する変数

和」「母親親和」「担任ＰＳ」の四つの要因であった。ただ、これらの要因には、性の主効果が認められたため、男女に分けて多母集団同時分析を実施した。男女共に「友人親和」と「担任ＰＳ」は男女に共通して「学校満足度」を支える要因であったが、男子では「母親親和」が、女子では「父親親和」が影響していた。それぞれ異性の親からの影響が「学校満足度」にプラスに作用していた。

「友人親和」を支える要因は「友人同調」「父親親和」「母親親和」の三つの要因であった。性差を考慮して分析すると、「友人親和」には「父親親和」と「母親親和」の二つの要因が、男女共に共通して影響していた。「友人同調」については、女子の場合にのみ「友人親和」へ「友人同調」はマイナスに作用していた。女子児童の場合には同調的態度が高いほど、友人への親和的態は低いことになる。

「友人同調」と相関係数が高いのは「父親同調」と「母親同調」であったが、性差を考慮して分析すると、「友人同調」には女子児童のみが高くなっていた。「父親親和」と「母親親和」の相関は高く、「父親同調」と「母親同調」も高い。

③中学生の「学校満足度」と七つの指標の相関係数

小学生と同様に、「学校満足度」に影響する七つの要因との関連をピアソンの相関係数で求めた（表４‐６）。「学校満足度」との相関係

表 4-6　中学生の学校満足度と７つの指標の相関関係（Pearson の相関係数）

	学校満足度	友人親和	友人同調	父親親和	父親同調	母親親和	母親同調	担任 PS
学校満足度	1	.260**	−.098**	.208**	−.049	.245**	−.040	−.314**
友人親和	.260**	1	−.213**	.157**	−.230**	.331**	−.207**	−.101**
友人同調	−.098**	−.213**	1	−.099**	.330**	−.083*	.341**	.033
父親親和	.208**	.157**	−.099**	1	.050	.599**	.069	−.049
父親同調	−.049	−.230**	.330**	.050	1	−.001	.431**	−.013
母親親和	.245**	.331**	−.083*	.599**	−.001	1	−.014	−.151**
母親同調	−.040	−.207**	.341**	.069	.431**	−.014	1	−.008
担任 PS	−.314**	−.101**	0.033	−.049	−.013	−.151**	−.008	1

** 相関係数は 1% 水準で有意（両側）
* 相関係数は 5% 水準で有意（両側）

数が五％水準で有意（両側検定）な要因は五つであった。そのなかで、相関係数が±〇・二〇以上または以下の要因は「友人親和」「父親親和」「母親親和」「担任ＰＳ」の四つであった。「学校満足度」が高いほど、友人・父親・母親への自己開示・親和的態度が高く、担任教師との対人距離は接近していた。

「友人親和」との相関係数が五％水準で有意な要因は「学校満足度」を含めて七つであった。そのなかで、「友人親和」との相関係数が±〇・二〇以上または以下の要因は、「友人同調」「父親同調」「母親親和」「母親同調」の五つであった。中学生では、「友人親和」は小学生と同様に、「父親親和」「母親親和」と正の相関が見られたが、「父親同調」「母親同調」「友人同調」にも、小学生以上に高い負の相関が認められた。

図４‐３のモデルを基にして、小学生と同じようにパス図を作成したものが図４‐７である。中学生の調査協力者は七五一名である。

「学校満足度」に影響する変数は「友人親和」「父親親和」「担任ＰＳ」の三つであった。分散分析から三変数に

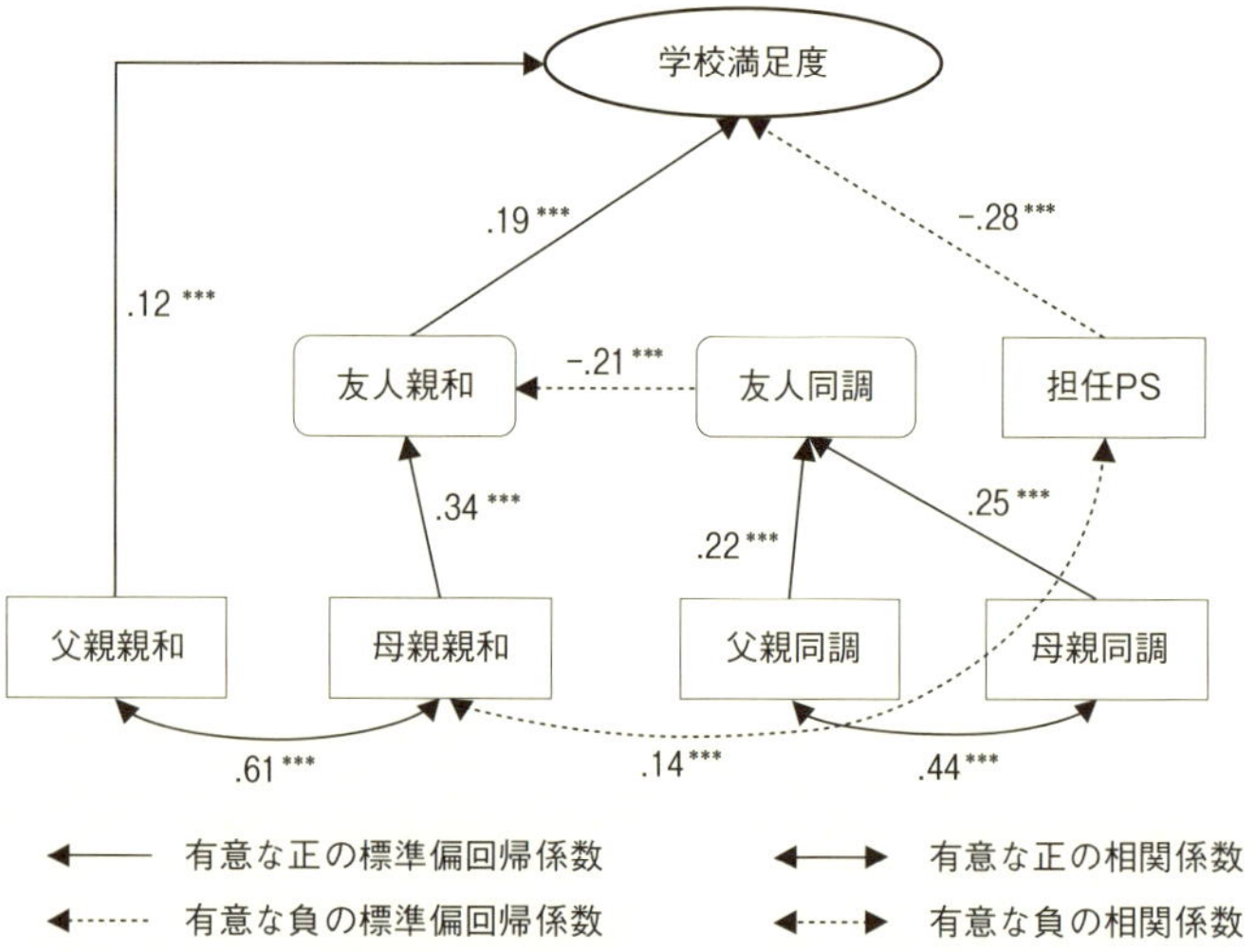

N（男子）＝372，*N*（女子）＝371，χ^2＝112.65，*p*＝.000，*GFI*＝.98，*ACFI*＝.96，*CFI*＝.97，*RMSEA*＝.02 で，モデル適合度は良いと判断できる。

図 4-7　中学生の学校満足度，友人関係に寄与する変数

性の主効果が認められたため、多母集団同時分析を実施した。学校満足度に影響する有意な変数は「友人親和」と「担任ＰＳ」のみで、「父親親和」は男女別に検討するとそれぞれ統計的に有意な変数ではなくなっていた。「学校満足度」には小学校のように父親・母親からの直接的な影響が及ばなくなっている。

「友人親和」に影響する要因は、「母親親和」「友人同調」の二要因のみであり、男女ともにこの二つの要因が共通して「友人親和」に影響を及ぼしていた。「友人同調」は「友人親和」にとっては、むしろ友人への信頼感にマイナスに作用していた。

「友人同調」と関連する要因は、「父親同調」「母親同調」であり、この二つの要因は男女共通して相関が高い。「父親親和」と「母親親和」の相関は高く、さらに、「父親同調」と「母親同調」の相関も高い。

第6節　児童生徒の「学校満足度」を支える要因の考察

1　「学校満足度」の調査結果からの考察

本調査は久世ら（一九八五）、大久保（二〇〇五）、大久保ら（二〇〇五）の研究を考慮して、文部科学省（二〇〇五）の項目を基に、児童生徒が感じる主観的な「学校満足度」の尺度を作成して調査を実施した。「学校満足度」を構成する五項目のなかで、「授業はよく分かる」と「勉強は楽しい」の二項目については中学生で急激に低下する。要するに「学校満足度」を構成している学力と関係する教科の学習で授業内容が分からない、勉強は楽しいと言えなくなることが「学校満足度」を低下させる原因になっている。小学校・中学校を通じて、中学一年生では「学校は楽しい」「授業は楽しい」「学校の行事や体験活動に参加するのは楽しい」「学校での勉強は楽しい」の四項目については男女共通して最も低い。「学校に行きたくない」については、女子では中学一年生が、男子では小学五年生が最も高くなっていた。

小学校では学業面での満足度がまだ高い中位層の児童が、中学生になって授業の理解度を深めることができず、中学校の「学校満足度」を押し下げる結果となっている。しかもこれは、学校で学ぶ意欲とも関連し、学業面での失敗が自尊感情にも悪影響を及ぼす結果になっていると思われる。

2　「学校満足度」を支える要因

「学校満足度」を支える要因として、友人・父親・母親・担任教師との関係を検討した。「学校満足度」を支える要因は、友人への信頼感（自己開示・親和的態度）と教師への親近感（担任ＰＳ）であった。さらに父親と母親への信頼感が、友人に対する信頼感に反映することで間接的には「学校満足度」に影響するものと考えられるが、小学生の「学校満足度」には直接的に影響していることも確認された。しかも、男女での違いが見られ、女子では父親への信頼感が、男子では母親への信頼感が強く影響していた。中学生でも「学校満足度」を支える要因は、友人との信頼感と担任教師への親しみと信頼感である。親との関係は男女別に検討した結果、有意な変数ではなくなっていた。親への信頼感が直接に「学校満足度」に影響することは認められなかったが、男女ともに母親への信頼感は友人への信頼感にプラスに作用していた。

3　友人との信頼関係を築く要因

友人への同調的態度は「学校満足度」に影響しないことは図４‐５と図４‐６から確認された。これは石津・安保（二〇〇九）の同調的傾向が非適応につながるとは言えないとの結果を支持できる。ただし、同調的態度が高いほど友人への信頼感は逆に低いことが確認された。これは中学生の方が大きいことは注目に値する。青年期になると親から徐々に自立して、友人との親密な信頼関係を築きはじめる。これは、同調的態度を示すだけでなく、相手を理解した上で自分の意見も主張し、信頼関係を築きはじめている。両親に同調的（服従的）なほど、友人への同調的態度が高い。幼少時に両親との関係が同調的な子どもは、素直であるが友人との関係も表面的で同調的なコミュニケーションになりやすい。思春期に入って「良い子が危ない」と言われるケース、石津ら（二〇〇九）の過剰適応がマイナスに作用するケースは、その背景に親への真の信頼感が形成されていないためであろう。このことが友人との親密な信頼関係の形成にマイナスに作用していると考えられる。

「父親同調」「母親同調」については、男女ともに学年が上がるほど低くなる。これは学年が上がるほど、親に従順なだけでなく、自分の意見を通し、自己主張することができ、親から自立することにつながる。特に女子生徒については父親に対する同調得点が低くなり、異性の親を忌避する感情が含まれているとも考えられる。

小学校での問題は、一人の担任教師がクラス全員を受けもち、多くの児童との信頼関係が築けないと学級運営が困難になる。このような状態に陥ると、クラスの「学校満足度」は低くなり、「担任ＰＳ」は離れてしまうことが予想される。

そこで学級の状態の変化により、個々の児童生徒が「学級満足度」を含めて、友人関係・親子関係・教師との関係にどのような影響が現れるのかを、次の第5章で取り上げよう。

引用・参考文献

Aiello, J. R.　1977　A further look at equilibrium theory: Visual interaction as a function of interpersonal distance. *Environmental Psychology and Nonverbal Behavior*, 1 (2), 122-140.

Aiello, J. R. & Thompson, D. E.　1980　When compensation fails: Mediating effects on sex and locus of control at extended interaction

distances. *Basic and Applied Social Psychology*, 1, 65–82.
Argyle, M. & Dean, J. 1965 Eye-contact, distance, and affiliation. *Sociometry*, 28, 289–304.
東　洋　一九九四　日本人のしつけと教育―発達の日米比較にもとづいて―　東京大学出版会
Benesse教育研究開発センター　二〇一〇　第二回子ども生活実態基本調査報告書（小学四年～高二生を対象に）ベネッセ株式会社
石津憲一郎・安保英勇　二〇〇九　中学生の過剰適応と学校適応の包括的なプロセスに関する研究―個人内要因としての気質と環境要因としての養育態度の影響の観点から―　教育心理学研究、五七、四四二―四五三頁
今川峰子・三島浩路　二〇一二　友人関係で支援を要する児童のアセスメント検査の作成―友人・親子・学校満足度・担任の学級経営等包括的視点からの検討―　日本学校心理士会年報、四、八三―九二頁
岩田恵子　二〇一一　幼稚園における仲間づくり：「安心」関係から「信頼」関係を築く道筋の探究　保育学研究、四九（二）、一五七―一六七頁
河村茂雄　二〇〇四　学級のアセスメント　石隈利紀・玉瀬耕治・緒方明子・永松　浩（編）講座「学校心理士―理論と実践」二　学校心理士による心理教育的サービス　北大路書房　四六―五八頁
河村茂雄　二〇〇六　いじめの発生要件と防止の手だてに関する提言　図書文化社
河村茂雄　二〇〇七　データが語る①学校の課題　図書文化社
久世敏雄・二宮克美・大野　久　一九八五　中学生・高校生の学校生活への適応に関する一研究　日本教育心理学会第二七回総会発表論文集、四〇四―四〇五頁
三浦潤子　二〇〇三　養育行動と学校環境適応感の関連についての検討―内的作業モデルの伝達を通して―　臨床教育心理学研究、二九（一）、九―一九頁
文部科学省　二〇〇三　学校生活に関する意識調査（中間報告）<http://www.mext.go.jp/b_menu/shingi/chukyo/chukyo3/004/siryo/03091801/005/001.htm>
文部科学省中央教育審議会　二〇〇五　新しい時代の義務教育を創造する（答申）<http://www.mext.go.jp/b_menu/shingi/chukyo/chukyo./toushin/.51.26.1/all.pdf>
大久保智生　二〇〇五　青年の学校への適応感とその規定要因―青年用適応感尺度の作成と学校別の検討―　教育心理学研究、五三、三〇七―三一九頁
大久保智生・加藤弘通　二〇〇五　青年期における環境の適合の良さ仮説の検証―学校環境における心理的欲求と適応感との関連　教育心理学研究、五三、三六八―三八〇頁

大対香奈子・大竹恵子・松見淳子　二〇〇七　学校適応アセスメントのための三水準モデル構築の試み　教育心理学研究、五五、一三五―一五頁
Perry, K. E., & Weinstein, R. S.　1998　The social context of early schooling andchildren's school adjustment. *Educational Psychology*, 33, 177-194.
酒井　厚・菅原ますみ・眞栄城和美・菅原健介・北村俊明　二〇〇二　中学生の親および親友との信頼関係と学校適応　教育心理学研究、五〇、一二―二二頁
滝　充　二〇〇五　'Ijime bulling'：その特徴、発生過程、対策　いじめととりくんだ国々―日本におけるいじめの対応と施策　ミネルヴァ書房　三三―五六頁
戸ヶ崎泰子・秋山香澄・嶋田洋徳・坂野雄二　一九九七　小学生用学校不適応感尺度開発の試み　ヒューマンサイエンスリサーチ、六、二〇七―二二〇頁
東京大学教育学部比較社会コース・Benesse 教育研究開発センター協同研究　二〇一一　神奈川県の公立中学校の生徒と保護者に関する調査報告書　ベネッセコーポレーション
渡部雪子・新井邦二郎・濱口佳和　二〇一二　中学生における親の期待の受け止め方と適応との関連　教育心理学研究、六〇、一五―二七頁

5　児童生徒の個別的アセスメントから浮かび上がる学級経営

第1節　友人・父親・母親との関係の分類

第4章で、「学校満足度」に影響するのは、「友人親和」「担任PS」「父親親和」「母親親和」の四つの要因であった。「友人親和」とは自ら友人に心を開いて悩みを打ち明け、親密な関係にあることであり、「担任PS」は、担任との対話距離が接近し、担任教師に対して児童生徒が近親感を抱いていることである。「父親親和」とは父親に対して信頼感を抱き、良い関係にあることであり、「母親親和」とは、同様に母親に安心感や信頼感を抱き、良い関係が築かれていることである。

文部科学省（二〇〇三）は、児童生徒にとって学校生活で何が楽しいかを調べている。その結果、第一が友だちとの遊びや交流であり、小学三年生（九二・八％）、小学五年生（九四・五％）、中学二年生（九四・一％）と学年が上がっても共通している。このように、学校生活での満足度に友だちとの遊びや交流は最も重要な役割を果たしている。ついで楽しいと答えたのは学校行事とクラブ活動・部活動になっていた。

ただ、友人関係は楽しい反面、仲間と話を合わせ、仲間外れにならないように気をつかっていること、友人とのやりとりで傷つくことが多いなどストレスも多いことを、ベネッセ教育研究開発センター（二〇一〇）の子ども生活実態調査は示している。

さらに、第4章のパス図や相関係数から、中学生までは「友人親和」に対して「友人同調」はマイナスに作用することが確認された。そこで、筆者は図5-1に示したような友人関係の四つの群に分類した。

1　友人関係の四つの群

「友人親和」得点と「友人同調」得点による友人関係の群は図5-1に示した通りである。

①A群：自主・独立群（「友人親和」得点が高く、「友人同調」得点が低い）

友人とは仲良く親密な関係を築くことができている。その一方で自分の意見や気持ちを素直に友人に話すことができる群である。最も望ましい友人関係の群と言える。ただ、あまり「友人同調」得点が低いと、協調性がないため特定の仲間のボス的存在になり、クラス集団からは敬遠される児童生徒も含まれる。

②B群：協調・依存群（「友人親和」得点が高く、「友人同調」得点も高い）

友人を信頼し、悩みを打ち明け、親密な関係を築くことができている。友人とはいさかいを避け、協調的に振る舞う。自己主張をすることがなく、友人から好かれる「よい子」である。北山・唐澤（一九九五）の言うような、いわゆる「よい子」である。日

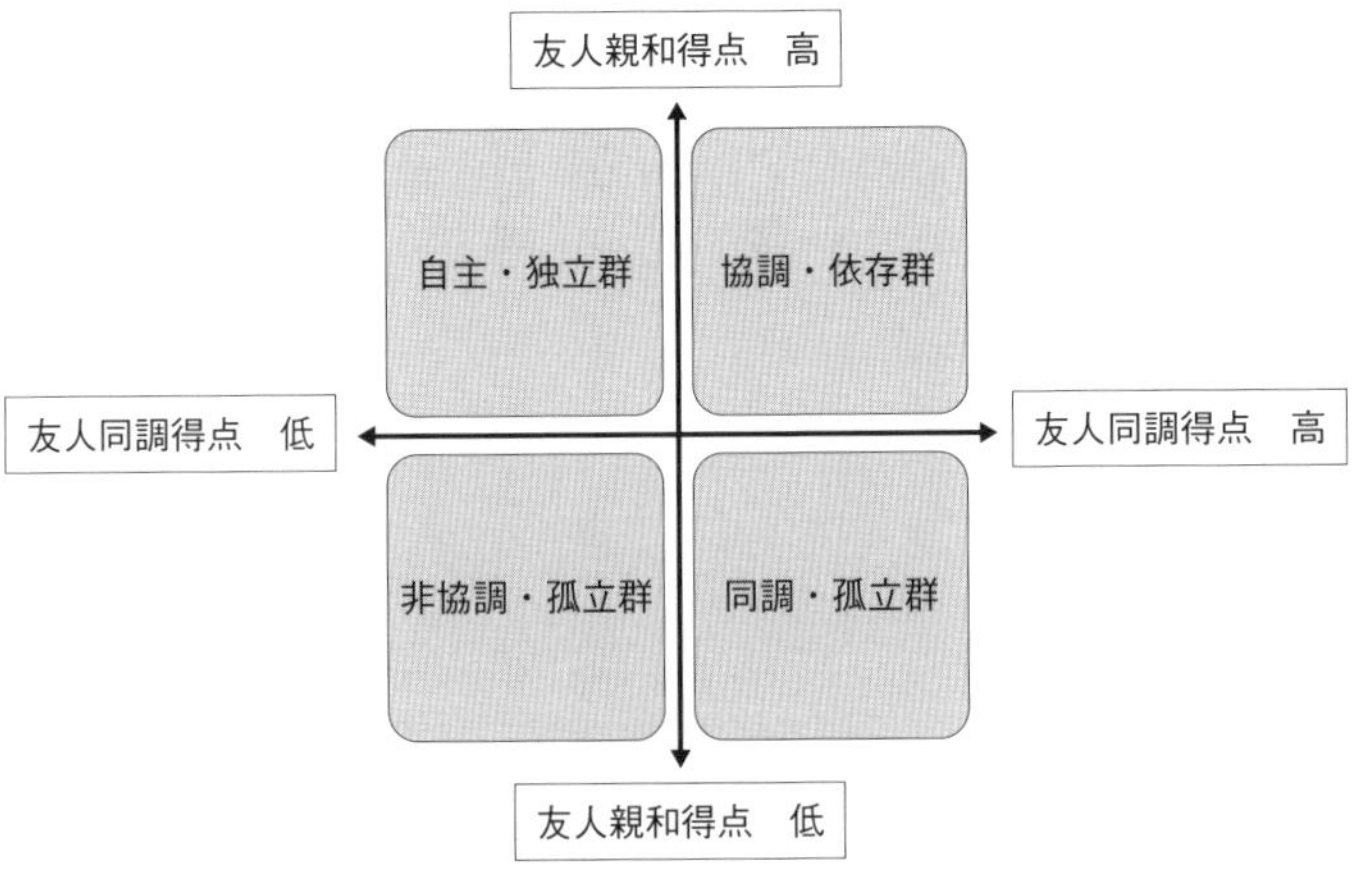

図5-1　友人関係の4つの群

本では、周囲との和を重んずる文化的・社会的風土があり、暗に自己主張を抑え、「よい子」として振る舞うような性格が形成されやすい傾向にある。そのなかに、親や教師の期待に応えて自ら自己主張を抑えて振る舞う「よい子」が、思春期になり自己を強く意識しはじめる。しかし、周囲の期待に応えて、「よい子」を演ずるために最後は息切れをして、学校不適応に陥ることがある。自己主張を抑え過剰に協調する「よい子」は、欲求不満事態で攻撃したい欲求を自分に向けてストレスを抱え込んでしまう傾向が強く、結果として不適応に陥りやすい（桑山、二〇〇三）。同調得点が高すぎる場合には、ストレスを抱えている場合があるため、注意を要する。

③C群：同調・孤立群（「**友人親和**」**得点が低く**、「**友人同調**」**得点が高い**）

心を開き親密な関係を築くことができず、仲間はずれを恐れ、表面的には同調する群である。自分の欲求を抑制して、表面的には仲良くしているような態度を取るため、精神的なストレスが四群中では最も高いと推察できる。仲間集団には同調的に振る舞うために、外面的には楽しんでいるようであるため教師から見逃されやすい。ただ、仲間との摩擦を避け、深くつき合わないで表面的に合わせる児童生徒も含まれる。

④D群：非協調・孤立群（「**友人親和**」**得点が低く**、「**友人同調**」**得点も低い**）

友人と親密な関係を築けず、集団で行動することができない。孤立しているか、勝手に振る舞い、わが道を行く群である。時には教師の指示にも従わず、最も支援が必要である。

2　父子関係の四つの群

父子関係について、「父親親和」得点と「父親同調」得点の二軸から四象限に分けた結果、予想される群を図5-2に示した。四つの群の特徴は以下の通りである。

①A群：信頼・自立群（「**父親親和**」**得点が高く**、「**父親同調**」**得点が低い**）

父親とは信頼関係が築かれ、親と話し合い、相談ができている。しかも、自分なりの意見をもち、親から自立しつつある群である。ただ、一部に自分勝手で甘やかされて育っている群も含まれる。

②B群：依存群（「父親親和」得点が高く、「父親同調」得点も高い）

父親とは信頼関係が築かれ、話し合いができる。しかし、父親には逆らえないで、親への依存がまだ強い群である。

③C群：表面的服従群（「父親親和」得点が低く、「父親同調」得点は高い）

父親との関係が良好でなくて、親密感・信頼感が薄らいでいる。父親が頑固で思いやりに欠ける場合や、一方的な意見を子どもに押し付けることが多いことから、父親を恐れて表面的には服従している群である。

④D群：反発・反抗群（「父親親和」得点が低く、「父親同調」得点も低い）

父親との関係がこじれて、親密感・信頼感が薄らいでいる。父親に反抗・反発している群である。

C群とD群のなかで、特に「父親親和」が低い場合には、父親との親密感・信頼感が崩れ、家庭環境そのものに配慮する場合が

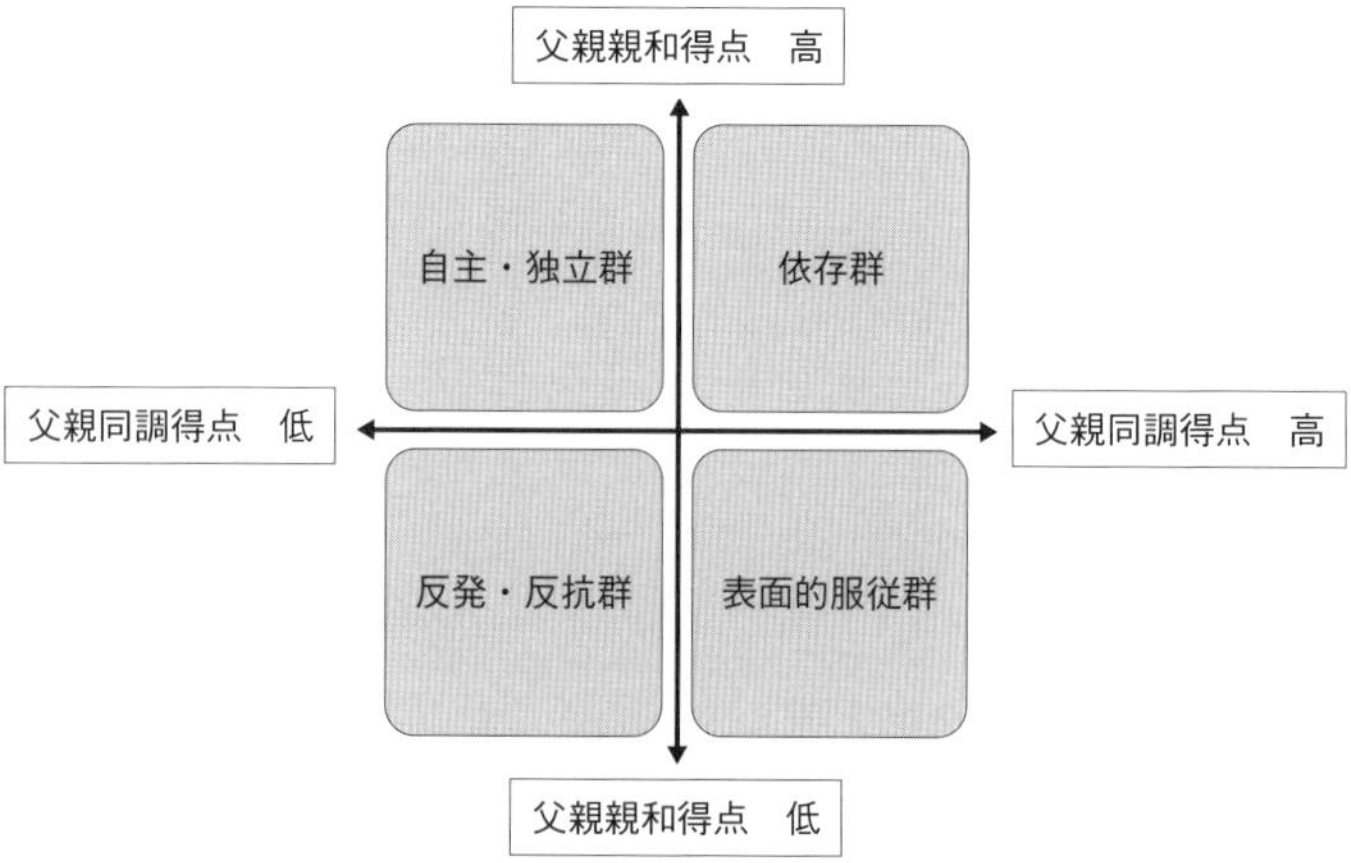

図 5-2　父子関係の 4 つの群

含まれているので注意を要する。

3　母子関係の四つの群

母子関係についても、図5-3に示すように、四つの群に分類した。それぞれ予想される四つの群について、その特徴を以下に述べる。

①A群：信頼・自立群（「母親親和」得点が高く、「母親同調」得点が低い）

母親とは親密で、かつ強い信頼関係が築かれている。母親も子どもを信頼している。一方で、自分なりの意見をもちはじめ、親から自立しつつある群である。ただ一部に、母親の溺愛により、真の自立とは異なり、王子様・王女様のような立場になって我《わ》が儘《まま》を通す群が含まれる。

②B群：依存群（「母親親和」得点は高く、「母親同調」得点も高い）

母親を信頼し、親密な関係が築かれている。母親に依存し、母親を頼り過ぎていて、母親からの自立がまだできていない群である。

③C群：表面的服従群（「母親親和」得点は低く、「母親同調」得

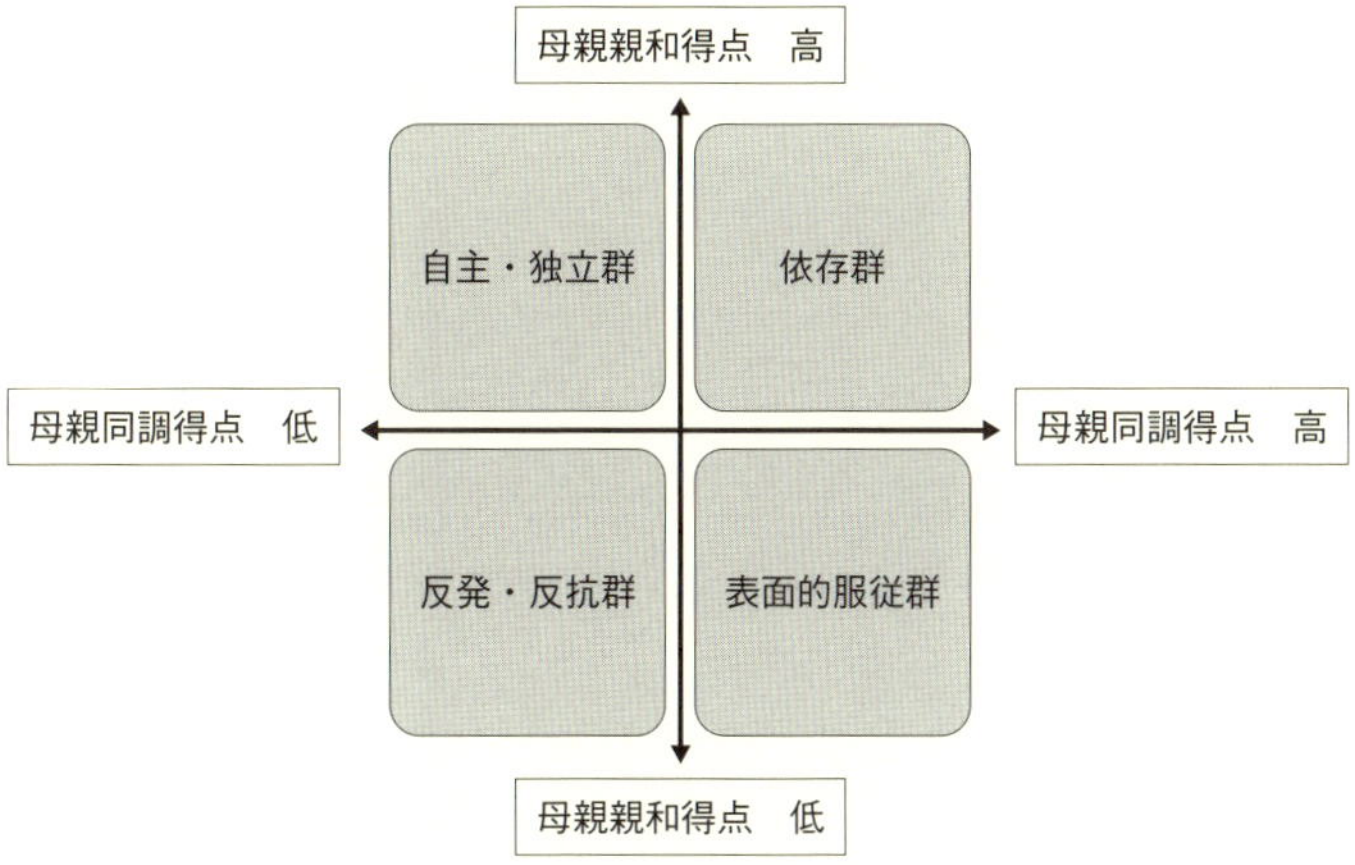

図5-3　母子関係の4つの群

点は高い）

自分の意見を通そうとすると、母親から文句を言われ、ケンカになってしまう。母親との親密な信頼関係が薄れている。母親にはとりあえず、表面的に服従している群である。

④D群：反抗・反発群（「母親親和」得点が低く、「母親同調」得点も低い）

母親との関係がこじれて、親密感・信頼感が薄れている。自分の意見は押し通し、強く反抗・反発している群である。

C群、D群のなかで「母親親和」が特に低い場合には、家庭環境への配慮と支援が必要な場合がある。

第2節　個別的アセスメントから支援を必要とする児童の特定

友人関係・父子関係・母子関係については、それぞれA・B・C・Dの四つの群で示した。その上で、「友人親和」「父親親和」「母親親和」の三つの指標得点については、すべてZ得点に変換して、表5‐1に示したように五つのランクに分けた。非常に高い場合をランク5に、やや高い場合をランク4に、平均に相当する場合をランク3に、やや低い場合をランク2に、非常に低い場合をランク1に分類した。アセスメント結果として表示したのは、A・B・C・Dの内で「友人親和」「父親親和」「母親親和」が「非常に低い」のランク1と「やや低い」のランク2をセルのパターンで区別して表に示している。

A・Bの群は「友人親和」「父親親和」「母親親和」がすべてZスコアによる分類がランク3以上になっている。「学校満足度」については、「友人親和」「父親親和」「母親親和」と同じように、表5‐1のZスコアによる五つのランクに分類して数字で示し、ランク1とランク2はセルのパターンで区別した。

「担任ＰＳ」の指標得点については、非常に接近している場合をランク５とし、やや接近している場合をランク４とし、平均に相当する場合をランク３に、やや離れている場合をランク２に、非常に離れている場合をランク１にして、五つのランクに分類し、表中にはそのランクの数値で示した。

アセスメント表には性別（男子１・女子２）と「学校満足度」、友人関係の群（Ａ・Ｂ・Ｃ・Ｄ）、父子関係（Ａ・Ｂ・Ｃ・Ｄ）、母子関係（Ａ・Ｂ・Ｃ・Ｄ）、「担任ＰＳ」が示されている。

この表を基に、「学校満足度」がランク１またはランク２であること、友人・父子・母子関係の群がＣまたはＤであり、かつ「親和」得点がランク１またはランク２であること、そして、「担任ＰＳ」がランク１またはランク２であることを基準として支援が必要な児童を特定した。その上で、本検査の妥当性を確認するために、Ａ小学校のＳ教務主任と二日間にわたって学校現場での様子を聞きながら検討を行った。

表 5-1　ランク 5 〜 1 までの Z スコアによる基準

	Z スコアの基準
ランク 5	Z スコア≧ 1.5
ランク 4	1.5 ＞ Z スコア≧ 0.7
ランク 3	0.7 ＞ Z スコア＞ -0.7
ランク 2	-0.7 ≧ Z スコア＞ -1.5
ランク 1	-1.5 ≧ Z スコア

第３節　小学生の個別的アセスメントから浮かび上がる学級経営の実態

１　四年生で学級経営が困難なクラス

表５‐２は、Ａ小学校の四年生三クラス中で「学校満足度」「友人関係」「担任ＰＳ」でランク１の児童が最も多かったクラスである。Ｓ教務主任からはこのクラスは四年生の三クラスで学級経営が最も困難であるとの報告を受けた。

表 5-2　学級経営が困難な 4 年生のクラス

性別	学校満足度	友人関係	父子関係	母子関係	担任PS	
2	2	A	C	A	3	
2	2	D	C	D	4	
1	2	C	C	D	1	
1	2	D	D	D	2	←①
1	1	C	D	C	2	
2	4	A	D	A	3	
2	3	C	C	C	2	
1	3	A	C	B	2	
1	2	A	B	B	2	
2	3	A	A	D	3	
1	1	C	C	D	3	
1	1	D	D	C	3	
2	3	A	A	D	4	
2	3	B	A	A	3	
1	1	D	B	D	1	←②
1	2	D	D	D	1	←③
2	4	A	A	A	3	
1	3	A	C	B	1	
2	5	D	D	C	3	
2	3	B	B	B	3	
1	1	C	D	D	3	←④
2	3	B	D	C	3	
1	3	D	C	C	1	←⑤
1	1	D	B	A	1	←⑥
1	3	D	B	A	1	
2	4	B	C	C	3	
1	3	C	B	B	3	
2	2	A	D	D	3	
2	2	C	D	C	3	
2	3	B	A	A	3	
2	3	D	B	B	3	
1	1	C	D	D	3	
ランク1 合計	7（21.8%）	5（15.6%）	0（－）	5（15.6%）	7（21.8%）	
ランク2 合計	8（25.0%）	4（12.5%）	8（25.0%）	6（18.8%）	5（15.6%）	

【アセスメント結果】　「学校満足度」が最も低いランク１の児童が七人いた。この七人の友人関係の群はＣが四人、Ｄが三人であった。そこで支援が必要と特定する基準を次のように決めたが、それ以外に問題があると判断した児童も含めた。「学校満足度」がランク１またはランク２で、友人関係の「友人親和」が１ランクまたはランク２の児童を特定した。①、②、③、⑥が該当した。これらの児童は、友人関係の群はすべてＤの非協調・孤立群であった。その他、④は学校満足度がランク１で低く、友人関係はＣ群の同調・孤立群であり、父子関係・母子関係ともに反発・反抗群に相当する。⑤については、学校満足度は低くないが友人関係がＤ群の非協調・孤立群である。そして、母子関係は「母親親和」がランク１のＣ群の表面的服従群に相当する。しかも「担任ＰＳ」は最も離れたランク１であった。

【Ｓ教務主任のコメント】　①はマイペースで母親との関係が悪い。②は自分勝手、暴力的で友人を恐喝したことがある。規範意識が低く、教師との関係が悪い。③は学校では良い子と判断されているが母親への信頼感が薄い。④は特に指摘がなかった。⑤はいじめに遭う。お金をせびられたことがある。学校の成績は悪い。⑥は担任教師への不満が高いとのコメントを得た。

「学校満足度」については、ランク１の児童が七人、ランク２の児童が八人になり、「学校満足度」が低い児童が半数弱を占めている。「担任ＰＳ」が最も離れているランク１の児童が七人、ランク２が五人と多く、しかも「学校満足度」は低くなくても「担任ＰＳ」がランク１の児童がいることから、教師はこのクラスの児童から親近感を抱かれていないと判断できた。このアセスメント結果から学級経営が弱い点を指摘したところ、Ｓ教務主任からは三クラスのなかで最も学級経営が困難なクラスであるとの説明があり、この個人別アセスメント表とも一致する。

表 5-3　まとまっている 4 年生のクラス

性別	学校満足度	友人関係	父子関係	母子関係	担任PS	
1	2	C	C	C	3	
1	1	B	A	C	3	
2	3	B	A	A	4	
1	3	D	A	A	3	
2	4	B	B	B	3	
1	4	C	D	C	3	
1	1	D	C	C	3	←①
2	3	A	C	B	3	
1	4	A	A	A	3	
2	2	B	B	B	3	
1	3	D	B	C	4	
2	1	B	A	B	3	
1	3	C	C	D	3	←②
2	3	C	C	C	4	
2	3	C	B	A	3	
1	4	D	C	C	3	
1	4	B	B	B	3	
2	3	B	A	D	3	
2	4	B	B	B	3	
1	3	C	A	A	3	
2	3	C	A	B	4	
1	3	B	B	D	3	
2	4	C	C	C	3	
2	2	A	B	A	4	
2	3	A	A	A	3	
2	3	C	D	D	3	
1	3	C	A	B	3	
1	1	C	A	A	3	←③
2	3	B	D	B	3	
1	3	B	B	A	3	
1	2	C	D	D	3	
2	3	B	B	A	3	
ランク1 合計	4（12.5%）	3（9.4%）	0（—）	0（—）	0（—）	
ランク2 合計	4（12.5%）	3（9.4%）	2（6.2%）	4（12.5%）	0（—）	

２　四年生で最もまとまっているクラス

【アセスメント結果】　表５‐３は四年生のクラスであるが「担任ＰＳ」がすべてランク３以上である。ただ、「学校満足度」が最も低いランク１の児童が四人、ランク２の児童が四人と、クラスの四分の一に相当する。①は「学級満足度」が最も低いランク１で、友人関係もＤ群の非協調・孤立群であり、「友人親和」はランク１である。

父子関係・母子関係は共に表面的服従群で「父親親和」「母親親和」はランク２で低い。ただ、担任教師とのＰＳは悪くない。②は「学校満足度」については悪くないが、友人関係がＣ群の同調・孤立群で「友人親和」が最も低いランク１であった。ただ、父子関係はＣ群で、母子関係はＤ群であるが、親和得点はランク３で低くはない。教師との関係も特に問題がない。③は「学校満足度」が最も低いランク１であり、友人関係はＤ群の非協調・孤立群に相当し、「友人親和」はランク２である。ただ、親子関係や教師との関係には問題がない。

【Ｓ教務主任のコメント】　表５‐３のクラスは四クラス中、最もまとまっているとＳ教務主任からのコメントを得た。①は表面的に大人しい子どもであるが、友だちが黒板に落書きした時、キレて〇〇死ねと逆上したことがある。②はマイペースで自分勝手に振る舞う。③は特別支援教育を受け、四年から通常学級に在籍した児童である。勉強はできるが、パニックになる。友人には服従していて、いじめられることがあると説明を受けた。アセスメント結果は「学校満足度」と「友人親和」得点が低いが、両親と担任教師とは良い関係を示していた。

３　六年生で学校経営がうまくいっているクラス

表５‐４はＳ教務主任から、Ａ小学校六年生の三クラス中で学級が最もまとまっているクラスであるとの説明を受けた。

【アセスメント結果】　学校満足度が最も低いランク１の児童が一人いるが「担任ＰＳ」はランク４であり友人

表 5-4　学級経営がうまくいっている 6 年生のクラス

性別	学校満足度	友人関係	父子関係	母子関係	担任PS	
1	4	B	B	B	3	
2	4	B	B	B	3	
2	4	B	A	B	3	
2	4	C	A	B	4	←①
2	4	A	A	A	4	
1	4	A	B	B	3	
2	4	A	A	A	3	
2	3	C	D	C	3	
1	4	B	B	B	3	
1	3	C	C	D	3	
1	1	B	A	D	4	
2	4	B	B	B	3	
2	4	A	A	D	3	
1	4	B	B	A	3	
2	3	B	D	C	4	
2	4	B	B	A	3	
2	4	A	B	B	4	
1	4	C	C	D	3	
1	3	A	B	B	3	
2	3	A	A	C	4	
2	3	A	B	B	3	
1	4	D	B	B	3	
1	4	C	B	C	3	
1	4	A	A	A	3	
1	4	B	C	C	3	
1	4	B	B	B	3	
1	3	B	A	D	3	
2	3	B	D	C	3	
2	4	B	B	A	4	
1	4	D	D	D	3	←②
1	3	B	B	B	3	
ランク1 合計	1（3.2%）	0（−）	1（3.2%）	2（6.5%）	0（−）	
ランク2 合計	0（−）	1（3.2%）	3（9.7%）	3（9.7%）	0（−）	

関係もＢ群で「友人親和」は悪くない。

①は友人関係についてはＣ群で、「友人親和」がランク２である。しかし、「学校満足度」は高く、担任にも親近感を抱いている。このクラスでは、教師と最も疎遠なランク１と次に疎遠なランク２の児童ともに〇人であった。

【Ｓ教務主任のコメント】　①は家庭的に問題を抱えていて、仲間とうまく協調できないとの指摘があった。②はマイペースで仲間と関わろうとしないとの指摘があった。

４　教師主導でまとまっているクラス

表５‐５はＡ小学校の六年生のクラスで教師主導によって学級がよくまとまっているクラスの個人別アセスメント表である。Ｓ教務主任からは、問題を抱える児童がいても、しっかり向き合い、結果として指導が行き届いているクラスであると言う。この学年は昨年五年生の時に学級が荒れて、学級経営が困難であったが、指導力のある教師を六年生につけることで学級が落ち着いてきたとのコメントがあった。

【アセスメント結果】　学校満足度が最も低いランク１の児童が三人、ランク２の児童が三人見られる。教師と最も離れているランク１の児童はいないが、ランク２の児童は三人いる。アセスメント検査から親子関係が悪い児童がいるがよく運営されている。

①は「学校満足度」がランク２で低い。母子関係はＣ群の表面的服従群で、「母親親和」が最も低い。②は友人関係がＤ群で「友人親和」が最も低い。しかし、「学校満足度」は高く、親子関係・教師との関係は問題ない。③は「学校満足度」が最も低いランク１で「父親親和」「母親親和」が最も低く、父親にはＣ群（表面的服従的）であり、母親にはＤ群（反発・反抗的）である。ただ、担任教師との関係は悪くない。友人関係もＤ群であるが、

表 5-5 教師主導でまとまっている 6 年生のクラス

性別	学校満足度	友人関係	父子関係	母子関係	担任PS	
2	3	C	A	C	3	
1	2	B	B	C	3	←①
2	3	C	D	D	4	
1	3	C	C	C	3	
2	2	C	C	C	3	
2	3	B	B	A	4	
2	3	B	C	A	4	
2	3	A	C	A	3	
1	4	B	A	A	3	
1	4	D	B	D	3	←②
2	4	B	D	D	3	
2	4	B	C	C	3	
2	2	C	C	B	3	
1	1	D	C	D	3	←③
1	4	B	B	B	3	
2	3	B	A	B	4	
1	3	C	C	C	2	
1	3	A	A	C	3	
1	3	A	D	A	3	←④
1	4	A	A	A	2	
2	4	C	B	A	4	
1	3	C	D	C	3	←⑤
2	1	D	C	D	4	
1	3	C	B	D	3	
2	1	C	B	C	3	←⑥
2	4	B	C	C	4	
2	3	C	C	B	3	
1	4	B	A	B	2	
2	4	B	B	A	3	
ランク1 合計	3（10.3%）	1（3.4%）	3（10.3%）	5（17.2%）	0（−）	
ランク2 合計	3（10.3%）	1（3.4%）	10（34.0%）	4（13.8%）	3（10.3%）	

「友人親和」もそれほど低くない。④・⑤はＳ教務主任から指摘があったが、このアセスメントでは問題はなかった。⑥は「学校満足度」が最も低いランク１で、友人関係はＣ群（同調・孤立）であり、「友人親和」はランク２で低い。

【Ｓ教務主任のコメント】　①は学校ではボス的な存在で、母子家庭になっている。家族に問題を抱え、中学に進学して問題を起こすのではと危惧されていると言う。②は自己主張が強すぎ、マイペースで協調できない。③については、親との関係はあまり分からないとのコメントがあった。④は友人関係のアセスメント結果はＡ群であった。しかし、教師からは自分勝手で学級を乱すと評価された。⑤は同調・孤立群に相当するがＡＳＤ（自閉症スペクトラム）の疑いがもたれている。特別支援教育の対象になっているとのコメントがあった。⑥については、「学級満足度」が低く、「友人親和」がランク１のＣ群であるが、Ｓ教務主任からは特にコメントがなかった。

四年から六年の九クラス全体について、Ｓ教務主任が把握している範囲内で、特に支援が必要な児童を特定して検討したところ、一致する側面とそうでない側面がクローズアップしてきた。「学校満足度」が特に低く、友人関係がＣ群・Ｄ群で「友人親和」が特に低く、「担任ＰＳ」が離れている場合には、アセスメント検査とＳ教務主任の指摘がおおむね一致した。「学校満足度」と「友人親和」が共に低くても、「担任ＰＳ」が離れていない場合には、生徒指導上の問題としてＳ教務主任は取り上げてこなかった。さらに、父子関係や母子関係については、学校としては把握し難い点があった。

個別の児童についてのアセスメント結果をクラス全体として表示すると学級経営の状態が浮き彫りになってきた。要するに学級経営が困難になるほど「学校満足度」が低い児童は多くなり、「担任ＰＳ」が離れている児童が多い。

第4節　中学一年生の個別的アセスメントから浮かび上がる学級の実態

四年から六年まで小学校二八クラス、中学一年から三年まで二七クラスのすべての学校についてアセスメント結果を表にした。小学校では教員と実際に検討会を開いてアセスメント結果と照らし合わせることができなかった。そこで、特徴あるクラスを選んで紹介をする。中学生については、二七クラスで学校満足度の平均値が最も高いクラスと最も低いクラス、そして担任ＰＳから教師に反発しているクラスを紹介する。小学生と同様に「学校満足度」、友人関係の四つのパターン、父子関係と母子関係の四つのパターン、そして担任ＰＳを表示した。

1　中学一年の九クラス全体で、学校満足度の平均が最も高いクラス

表5‐6は中学校一年生で、最も学校満足度が高いクラスを示したものである。個人別のアセスメント結果から、学校満足度が最も低いランク1は〇人で、ランク2は三人である。ランク4とランク5も認められる。「担任ＰＳ」のランク1とランク2はともに〇人であった。

①は「友人親和」がランク1で最も低く、Ｃ群の同調・孤立群である。「友人親和」がランク2と低く、同調得点が高い。

父親と母親への親和得点は低くない。「学校満足度」も担任教師との関係も悪くないことから、親友と言える友人ができていない状態が「学校満足度」を低くしている生徒と言える。②は親子関係の群が①と同じである。「友人親和」がこのクラスで最も低いランク1である。仲間とは同調的に振る舞っているが、心理的に孤立しているか達観しているかである。担任ＰＳはランク3で学級経営がうまくいっているクラスと言える。

表5-6　4クラスで最も学級満足度が高いクラス

性別	学校満足度	友人関係	父子関係	母子関係	担任PS	
1	2	C	B	B	3	
1	4	A	A	A	3	
1	2	B	C	C	3	
1	4	D	A	A	3	
1	3	C	D	C	3	←①
1	3	C	A	B	3	
1	3	C	D	C	3	←②
1	3	B	A	A	3	
1	4	C	B	C	3	
1	3	A	A	B	3	
1	3	D	B	D	3	
1	2	C	C	C	3	
1	3	C	B	C	3	
1	4	A	D	A	3	
1	3	D	D	D	3	
1	4	C	C	C	3	
1	3	A	C	B	3	
2	4	B	B	B	3	
2	3	B	B	B	3	
2	3	A	B	B	3	
2	3	A	D	A	3	
2	3	B	A	A	3	
2	4	A	D	A	3	
2	4	B	A	B	3	
2	4	B	D	B	3	
2	4	B	B	C	3	
2	3	C	C	C	3	
2	4	A	A	B	3	
2	3	C	B	D	3	
2	5	A	A	A	3	
2	3	A	A	B	3	
2	3	C	D	B	3	
ランク1合計	0（－）	3（9.4%）	1（3.2%）	1（3.2%）	0（－）	
ランク2合計	3（9.4%）	2（6.3%）	2（6.3%）	3（9.4%）	0（－）	

2　中学一年生九クラス全体で最も学校満足度の平均が低かったクラス

表5-7は調査協力校の中学一年生全九クラスのなかで、学校満足度が最も低い生徒が多かったクラスである。「学校満足度」のランク1の生徒が九人（三二・一%）、ランク2が五人（一七・八%）を占め、クラス全体の半数がランク1とランク2であった。「友人親和」がランク1のC群が一人（三・六%）、ランク2のC群が四人とD群が三人で合計七人（二五・〇%）である。

このクラスは「担任PS」がランク1の生徒が多く九人（三二・一%）に上り、ランク2も一人（三・六%）含まれる。アセスメント検査の結果からは、学校満足度の低さは担任教師への親近感の欠如に起因すると考えられる。それは友人関係・父子関係・母子関係共に他のクラスに比較して特別悪くはないためである。

①は「友人親和」がランク2の友人関係はC群である。友人には表面的に同調し、心を開くことができない。担任教師には親しみを感じていないことを含めて学校満足度は低いランク2になっている。「母親親和」もランク2で低く、表面的服従のC群である。②は①と同様に友人関係はC群で同調・孤立群に相当する。親子関係に問題はないが、担任教師に親近感を抱いていないし、学校満足度は最も低いランク1である。特にこの②については、「学校は楽しい」「学校の行事や体験活動に参加するのは楽しい」「学校での勉強は楽しい」に「全く当てはまらない」と回答し、しかも「学校に行きたくないことがある」に「とてもよく当てはまる」と答えている。友人関係と学校での学業面で問題を抱え、しかも担任教師には親近感を抱いていないことから、不登校に陥る可能性を秘めている。③は友人関係では問題がないが、父子関係はD群で母子関係はC群で、「父親親和」と「母親親和」はランク2で低い。担任教師とも親しい関係を築けていなく、学校満足度は最も低いランク1である。「学校での勉強は楽しい」について「全く当てはまらない」と答え、授業はあまりよく分からない、行事や体験活動が楽しくないと答えている。しかも、「学校に行きたくないことがある」に「とてもよく当てはまる」と答えてい

表 5-7　最も荒れている中１のクラス

性別	学校満足度	友人関係	父子関係	母子関係	担任PS	
1	3	D	B	B	3	
1	1	D	B	C	3	
1	2	C	C	C	1	←①
1	1	C	A	C	1	←②
1	2	A	A	B	3	
1	4	C	B	B	4	
1	2	C	B	A	1	
1	1	D	B	C	1	
1	3	D	B	C	1	
1	2	C	A	C	3	
1	3	B	B	B	3	
1	1	A	D	C	1	←③
1	1	C	B	A	3	
2	3	A	D	C	3	
2	3	B	B	A	2	
2	3	B	A	C	1	
2	3	B	D	D	3	
2	3	C	A	B	3	
2	1	B	A	A	4	←④
2	1	A	D	A	3	
2	1	C	B	C	3	
2	3	A	C	D	3	
2	3	B	C	A	3	
2	3	C	C	C	4	
2	3	A	A	B	3	
2	4	B	B	B	3	
2	1	A	D	D	1	←⑤
2	2	A	D	B	1	←⑥
ランク1 合計	9（32.1%）	1（3.6%）	2（7.1%）	1（3.6%）	9（32.1%）	
ランク2 合計	5（17.9%）	7（25.0%）	3（10.7%）	3（10.7%）	1（3.6%）	

る。親子関係に問題を抱え、勉強が苦手で教師とも良い関係が築けていないが、まだ友人関係に支えられている生徒である。④は友人関係、父子関係、母子関係ともに問題はなく、担任教師とも問題ないにもかかわらず、学校満足度は最も低いランク1である。「学校の行事や体験活動に参加するのは楽しい」「学校での勉強は楽しい」に「全く当てはまらない」と回答し、学校にどちらかと言うと行きたくないと答えている。⑤は家庭での親子関係に問題を抱え、「父親親和」はランク1、「母親親和」はランク2のD（反発・反抗）である。仲間関係は良いが「担任PS」はランク1で親しみを抱いていない。「学校の授業が分からない」「学校の行事や体験活動に参加するのは楽しい」「学校での勉強は楽しい」に「全く当てはまらない」と回答しているが、「学校に行きたくないことがある」には「全く当てはまらない」と答え、仲間との交友を楽しんでいる。⑥は友人関係や親子関係は良いが、学校満足度はランク2で低い。担任教師への親近感は低くランク1である。このクラスでは生徒と担任教師の関係が悪く、学級が荒れていると考えられる。

3　女子生徒から反発がある中学一年生のクラス

表5 - 8は「学校満足度」の平均が九クラスの内で中位に相当するものの女子生徒から担任教師に対して反発があると思われるクラスである。

学校満足度の最も低いランク1の生徒が一人（三・三%）、ランク2の生徒は七人（二三・三%）で女子生徒に集中している。友人関係は「友人親和」が最も低いC群の女子生徒が一人（三・三%）、「友人親和」がランク2のD群が三人、C群が四人の計七人（二三・三%）である。「担任PS」はランク1が六人（二〇・〇%）でその内五人が女生徒である。「担任PS」のランク2は、女子四人で男子三人の合計七人（二三・三%）にのぼる。「担任PS」が離れているのは女子生徒が多い。これは「学校満足度」にも影響し、女子の方が男子以上に低くな

表5-8　女子生徒からの担任教師への反発があると思われるクラス

性別	学校満足度	友人関係	父子関係	母子関係	担任PS	
1	4	D	B	B	4	
1	5	A	A	B	3	
1	4	A	B	D	2	
1	3	B	C	B	3	
1	4	C	D	D	3	
1	5	B	D	A	4	
1	4	A	B	D	3	
1	4	D	C	C	4	
1	2	C	A	C	3	
1	3	B	C	C	3	
1	3	D	B	C	1	
1	3	C	B	A	3	
1	2	C	D	C	3	
1	3	C	D	D	2	
1	3	C	D	D	2	
2	3	A	B	B	2	
2	3	A	A	D	3	
2	3	C	A	B	3	
2	2	D	D	C	2	
2	3	B	D	C	2	
2	1	B	D	C	1	←①
2	2	A	B	B	1	←②
2	2	A	C	D	2	
2	3	B	C	D	1	
2	2	B	A	B	1	←③
2	4	A	B	B	3	
2	3	A	B	D	4	
2	2	B	B	A	1	←④
2	3	D	D	A	3	
2	3	A	A	B	3	
ランク1合計	1（3.3%）	1（3.3%）	1（3.3%）	2（6.7%）	6（20.0%）	
ランク2合計	7（23.3%）	7（23.3%）	5（16.7%）	2（6.7%）	7（23.3%）	

っている。

①は学校満足度が最も低いが、友人関係、父子関係、母子関係に問題はない。ただ「学校での勉強が楽しい」に「全く当てはまらない」と回答し、学校行事や体験活動に参加するのはどちらかと言うと楽しいが、授業はあまり分からないと回答している。①の「学校満足度」の低さは学校の授業が影響していると思われる。②については、「学校は楽しい」「学校の授業はよく分かる」に「少し当てはまる」と回答しているが、「学校での勉強は楽しい」について「全く当てはまらない」と答え、「学校に行きたくないことがある」に「少し当てはまる」と回答している。①と同様に「学校満足度」は低いが、友人関係、父子関係、母子関係に問題はなく、担任教師への近親感の欠如が影響していると思われる。③は学校満足度がランク2であるが、「学校は楽しい」について「とてもよく当てはまる」と回答する一方、「学校の勉強は楽しい」については「全く当てはまらない」と回答し、「授業はあまりよく分からない」「行事や体験活動には楽しくない」と答えている。友人関係・父子関係・母子関係に問題がないが担任教師への親しみが欠如している。④についても、「学校満足度」がランク2であるが、「学校は楽しい」について「とてもよく当てはまる」と回答する一方、「学校の勉強は楽しい」については「全く当てはまらない」と回答している。③と同様に担任教師との距離が最も離れ、クラス担任に親しさを欠いている。このクラスでは、特に担任教師に対して親しみを抱いていない女子生徒が多く、むしろ反発していると考えられる。

第5節　個別的アセスメント検査の結果から実証されたこと

児童生徒の個人別アセスメント結果と教育現場の実態を検討した。A小学校のS教務主任と二日間約十時間にわたり四年から六年の九クラスについて検討した。この結果については、今川・三島（二〇一二）で詳しく報告している。筆者らのアセスメント検査で最も支援が必要な児童は「学校満足度」と「友人親和」が低いＤ群（非協調・孤立群）で、「担任ＰＳ」が離れている児童である。これらの児童とＳ教務主任の説明とは内容がほぼ一致していた。ただし、Ｃ群（同調・孤立群）については、一致率が低い。その理由は同調得点は高いが、仲間との集団行動が取れるため、学校場面では教師からあまり問題視されることがないためであろう。ところが、「友人親和」のランクが低く、親子関係で親和得点のランクが低く、担任教師に親近感を抱けない児童の場合は、ストレスを抱えているために、どこかで抑制できなくてキレる可能性がある。

最後に、担任教師の学級運営は、表５‐１のまとまったクラスと表５‐２の学級運営が困難なクラスを比較すると、後者の方が「学校満足度」が低く「担任ＰＳ」が離れていることが明瞭である。しかも、友人関係、親子関係でも「親和」得点のランクが低い児童が多い。

小学校では、担任教師の学級運営力は、学校満足度に直結する。中学校については、教育現場の担任教師と直接検討していないが、所属する学級が荒れると小学校同様に「学校満足度」は低下し、「担任ＰＳ」への親近感は薄れ、信頼関係が崩れてしまう。

学級が担任教師によってうまくまとまっていると、学級満足度は高くなる。このため「授業が楽しくない」「授業が分からない」などの児童は少なくなり、担任教師も特別に支援が必要な生徒に援助の手を差し伸べやすくなる。しかも、友人関係で問題がある児童にも目が届きやすくなる。この研究のデータを収集した時期が三学期の最後であったために、結果を学校現場に役立てることができなかった。もっと早い時期にこのアセスメント検査を実施し、援助方法を学校の教員と共に考える研究が必要である。第６章では新学期が始まって早い段階でアセスメント検査を実施して、この結果を学校現場にフィードバックして、学級運営に活用する道を拓こうとした筆者の研究を第６章で紹介しよう。

引用・参考文献

Benesse 教育研究開発センター　二〇一〇　第二回子ども生活実態基本調査報告書（小学四年〜高二生を対象に）　ベネッセ株式会社

今川峰子・三島浩路　二〇一二　友人関係で支援を要する児童のアセスメント検査の作成―友人・親子・学校満足度・担任の学級経営等包括的視点からの検討―　日本学校心理士会年報、四、八三―九二頁

北山　忍・唐澤真弓　一九九五　自己：文化心理学的視座　実験社会心理学研究、三五、一三三―一六三頁

桑山久仁子　二〇〇三　外界への過剰適応に関する一考察―欲求不満場面における感情表現の仕方を手掛かりにして―　京都大学大学院教育学研究科紀要、第四九号、四八一―四九三頁

文部科学省　二〇〇三　学校生活に関する意識調査（中間報告）<http://www.mext.go.jp/b_menu/shingi/chukyo/chukyo3/004/siryo/03091801/005/001.htm>

6 個別的アセスメント検査の活用

第1節 「学校満足度」に影響する教師の学級経営力と友人関係・親子関係

中央教育審議会義務教育特別部会（二〇〇五）は、優れた教師像の三つの要素として、①教職への強い情熱（仕事への誇り・子どもへの愛情）、②教師力（子ども理解力、指導力、学級づくりなど）、そして③総合的な人間力を挙げ、この中に学級づくりの重要性を挙げている。二〇一一年の中央教育審議会義務教育特別部会でも「あるべき教師像」として、「教育は人なり」との意見があり、筆者も強く賛同する。良い教育のためには、優れた教師が不可欠である。優れた教師の条件は、①教育的な情熱・真剣さ、②教育的力量（教師は授業で勝負する）、③総合的な人間力が挙がっている。そこで求められる教師力には、①子ども理解力、児童生徒の指導力、コミュニケーション・スキル、②学級づくりの力、③学習指導、授業づくりの力、④同僚性の確かさ、⑤人格的資質を挙げている。二〇〇五年と比較すると、教師力として魅力ある授業を展開できることとコミュニケーション・スキルの重要性がより強調されてきている。

第4章の筆者らの研究から、児童生徒が学校生活を満足して送るためには、まず学校での授業が分かり、学びが楽しいと思えることが大切な条件である。そしてクラスの友人と親密な信頼関係を築き、担任教師に親近感を抱き、気軽に相談できる関係にあることは基本的な条件である。さらに言うまでもなく、児童生徒の日常生活における基盤である家庭が安定し、父親や母親に対して信頼感を抱いていることが満足した学校生活を送る条件に付け加わる。父親・母親から期待されていること、困った時には親から支援を受けやすく信頼関係ができていることが大切になる。

ただ、学校生活ではいつも満足した状態が続くとは限らない。学年が上がると授業内容が難しくなる。クラスが変わると新しくクラスメートと信頼関係を築かなければならない。小学校では多くの学校がクラス担任制を取っているために、一人の教師が多くの教科を教え、同時にクラス全体が協調し合えるような学級づくりをすることでクラス全体を安定させ、その上で、個々の児童を充分に理解し、「生きる力」を培う教育を実践することになる。もし、担任教師の教科学習を指導する力が弱ければ、授業内容が分からない、授業が楽しくないなどの不満を抱く児童が多くなる。

さらに、担任教師にはクラスの役割を決めて、それを児童生徒が担うことによって、クラスの一員として協力することと責任感を育てる役割がある。給食当番、教室の美化係、図書係などである。ところが、担任教師の学級経営力が弱いと児童の中には担任教師の指示に従わず、決められたクラスの係りを十分に果たさなくなるものが多くなる。結果としてクラスメートから不満が出て、学級のまとまりが崩れ始めてしまう。運動会などの学校行事に参加してもクラスのまとまりがないと、クラスの児童生徒が力を結集して良い成果を上げることができなくなる。

要するに、筆者ら（今川・三島、二〇一三）が作成した検査では、児童生徒一人ひとりの学校生活満足度をアセスメントすることが目的であったが、教師の学級経営力のアセスメントにもつながっていた。支援が必要な児童生徒のアセスメントは、学級の状態のアセスメントと直結し、学級の状況を検討した上で支援が必要な個々の児童生徒の支援を考えざるを得ない。このため、担任教師と児童生徒の関係を把握することが必要になる。

第６章では、第４章と第５章の研究で利用した児童生徒による「担任ＰＳ」を、担任教師に対する親近感の程度として利用した。この検査で使用したパーソナル・スペースは性別要因と発達要因が関与するため、この点を十分に考慮した検査として作成したものである。

第４章の研究結果から、小学生男児では「友人親和」「担任ＰＳ」「母親親和」であり、女子児童では「学校満足度」に直接に影響する要因は、「友人親和」「担任ＰＳ」「父親親和」が関与していた。

中学生でも小学生と同様に「学校満足度」に影響する要因は、「友人親和」「担任ＰＳ」であったが、両親への信頼感が「学校満足度」に直接影響することは男女共になくなっていた。ただし、「母親親和」は「友人親和」と標準偏回帰係数が高く、「友人親和」を介して、結果として間接的に「学校満足度」に影響していた。

「学校満足度」を高めるためには、児童生徒が友人との信頼関係を築くことであり、クラス担任は児童生徒にとって親近感や信頼感を抱ける教師であることが条件である。その上に、親への信頼感は、「学校満足度」に直接的にも間接的にも影響する要因になることから、親子の会話を豊かなものにするために親子で自然体験・生活体験、家族旅行、観劇・音楽鑑賞、家族旅行を通してともに体験する機会を広げることが、コミュニケーションを深め、親への信頼感につながる。

第２節　個別的アセスメント検査を学級経営の把握と介入に応用した試行的研究

１　研究の目的

一学期が始まってしばらく落ち着いた時期に、「学校満足度」を支える「友人親和」「友人同調」「父親親和」「父親同調」「母親親和」「母親同調」「担任ＰＳ」の八つの指標を利用して、学級の状況と問題を抱えている児童生徒を把握するためのアセスメント検査を実施し、その結果を担任教師、学年主任、校長に報告する。その上で、学級経営が困難になりはじめたクラスに対しては、その援助を担任教師、学年主任、校長と筆者が相談し検討する。そして、二学期からアセスメント結果を考慮した授業と学級経営を行ってもらい、三学期に再度アセスメント検査で改善状況を検証することを目的にした。

2　方　法

①調査協力者

Ｘ小学校の五年生四クラスとＹ中学校の二年生の三クラスの合計七クラスを対象にした。最終的に分析したのは二回のアセスメント検査を受けた二二二人で、小学五年生の男子五五人、女子六二人と中学二年生の男子四九人、女子五六人である。

②実施方法と実施時期

あらかじめ、実施の要項を筆者が両校の校長・教頭に説明し、それを受けて第一回目のアセスメント検査を二〇一二年の六月から七月に、担任教師が児童生徒に説明して実施した。検査に要する時間は約一五分から三十分であった。七月末に検査結果を担任教師・学年主任・校長にフィードバックして、支援が必要な児童生徒と支援が必要な学級について話し合いをもった。翌年の二〇一三年の二月に再度アセスメント検査を実施して二〇一三年の三月に結果を学校に報告した。

3　結　果

①小学五年生の八つの指標についてのクラス別・実施時期別の比較

「学校満足度」「母親親和」「友人同調」「父親親和」「父親同調」「母親親和」「母親同調」「担任ＰＳ」の八つの

指標について、クラス別と実施時期別に平均値とＳＤを示したものが表６‐１である。

八つの指標について、クラス要因と実施時期の二要因の分散分析を実施した。その結果、クラス要因と実施時期の要因で主効果と交互作用が有意であったのは、表６‐１に示した通り「学校満足度」と「担任ＰＳ」だけであった。

「学校満足度」の最低点は五点であり、最高点は二十点である。図６‐１は「学校満足度」をクラス別、実施時期別で比較したものである。

第一回目についてテューキー（Tukey）法による多重比較をしたところ、Ａ組はＣ組とＤ組よりも低く、Ａ組とＣ組には五％水準で、Ａ組とＤ組の間には一％水準でその差が統計的に有意であった。第二回目の調査では「学校満足度」はＤ組を除いてすべて低下してしまった。Ａ組・Ｂ組・Ｃ組に差は認められず、

表 6-1　小学生の 8 つの指標に関する平均値と *SD*

実施時期	組		学校満足度	友人親和	友人同調	父親親和	父親同調	母親親和	母親同調	担任PS (cm)
第1回目	A 組	平均値	15.23	16.77	15.39	15.76	15.13	16.26	14.58	77.40
		SD	3.58	4.10	4.01	4.16	5.71	4.49	5.15	81.40
	B 組	平均値	16.97	17.64	14.79	16.78	15.25	19.19	13.96	65.10
		SD	2.58	4.32	3.87	3.69	3.37	3.83	3.95	26.00
	C 組	平均値	17.42	18.36	15.96	15.84	15.48	18.26	13.88	81.00
		SD	1.81	3.86	3.29	4.66	3.95	3.85	3.53	85.10
	D 組	平均値	17.60	18.31	15.30	15.71	15.26	17.34	13.62	63.70
		SD	2.55	3.15	3.36	4.70	3.59	4.81	4.03	26.00
第2回目	A 組	平均値	14.27	17.52	15.06	15.26	15.00	17.55	13.90	175.70
		SD	3.62	3.56	4.34	3.14	5.41	3.62	4.61	149.20
	B 組	平均値	14.86	17.48	14.90	15.26	15.63	17.50	13.36	109.50
		SD	2.45	4.24	3.77	4.39	4.71	4.86	4.32	64.80
	C 組	平均値	14.74	17.89	14.89	16.12	15.27	18.59	13.93	109.00
		SD	2.84	2.68	2.78	4.62	3.45	3.79	4.06	70.90
	D 組	平均値	17.79	17.83	14.40	15.24	16.21	17.43	13.17	76.20
		SD	2.32	4.51	2.84	4.22	3.26	4.68	3.82	31.30
主効果（組）			F（3, 200）= 6.65***							F（3, 200）= 4.44**
主効果（回）			F（1, 200）= 9.06**							F（1, 200）= 5.59**
交互作用			F（3, 200）= 2.65*							F（3, 200）= 2.09

**$p<.01$　*$p<.1$

多重比較の結果A組・B組・C組の三クラスとD組の差は○・一%水準で有意であった。

図6-2は小学校五年生の四クラスの「担任PS」を図示したものである。第一回の調査をテューキー法により多重比較したところ、四クラスに差は認められなかった。しかし、第二回目については、D組＜A組・B組・C組で、D組の担任教師とのPSは最も接近し、他の三クラスとの差は○・一%水準で統計的に有意であった。要するに、D組を除いて三クラスはすべて担任教師と児童とのパーソナル・スペースが離れてしまったのである。

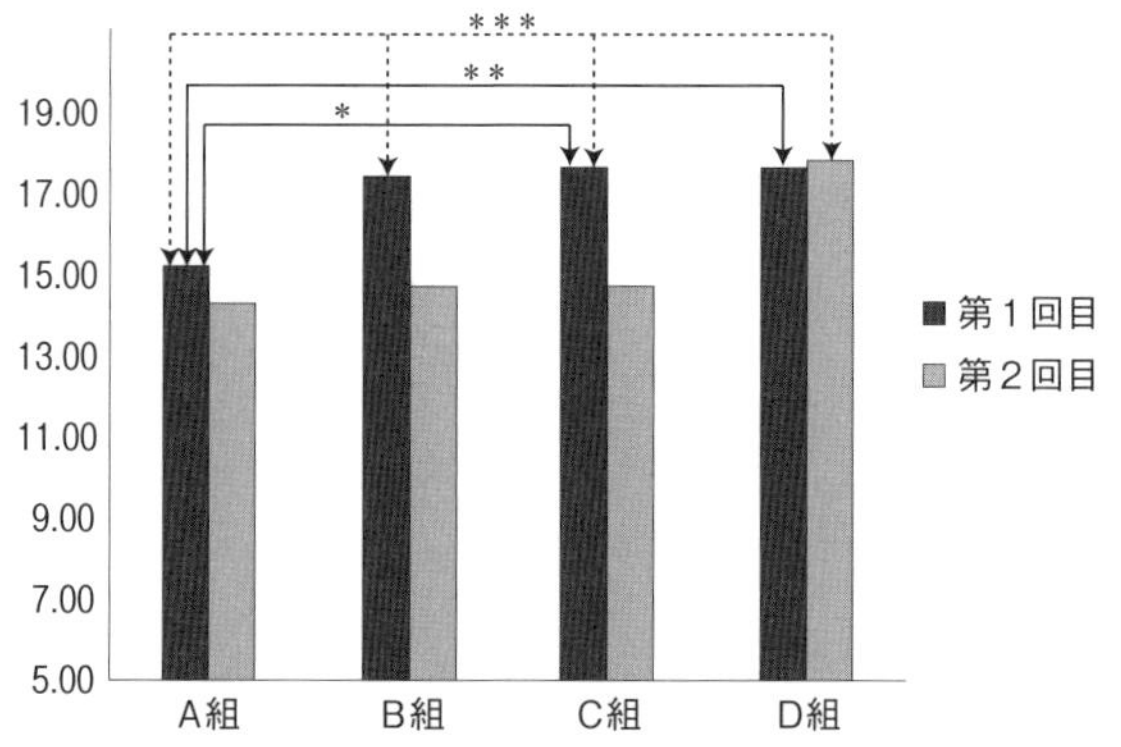

図6-1　学校満足度のクラス別比較

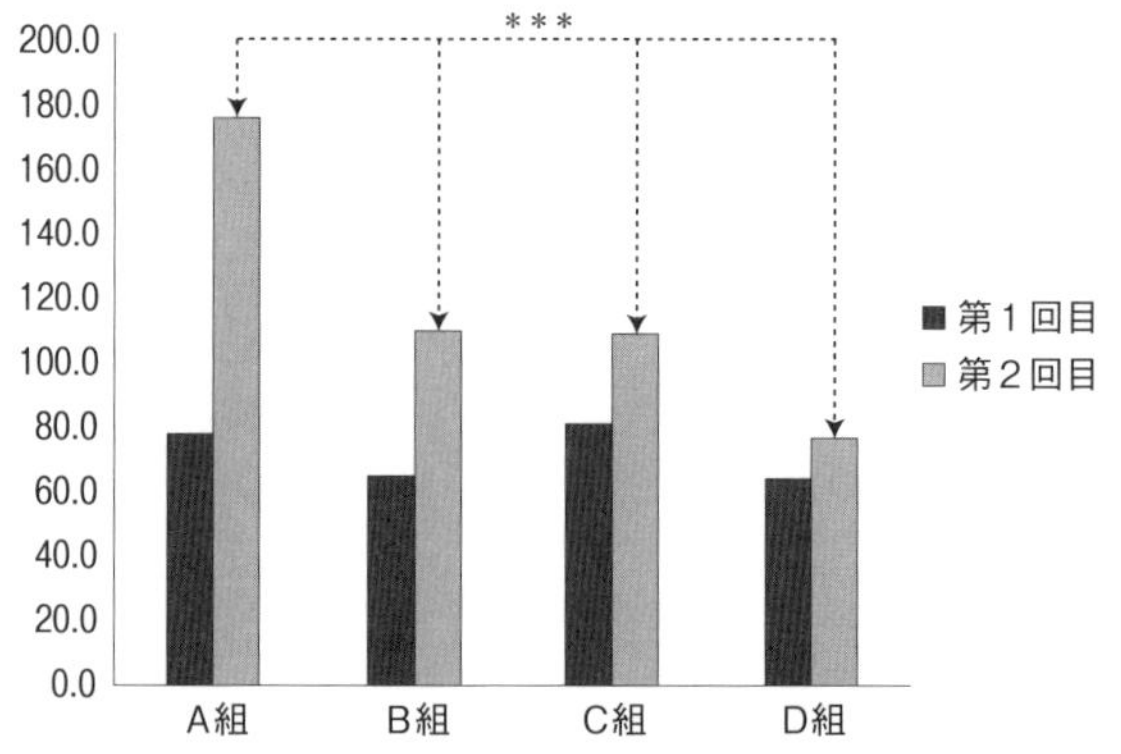

図6-2　担任PSのクラス別比較

②中学二年生のクラス別・実施時期別の比較

小学校と同様に八つの指標について、平均値と標準偏差を表6-2にまとめて示した。八つの指標についてクラス要因と実施時期の二要因の分散分析を実施したところ、中学校の三クラスの内で、クラスの主効果が有意であった指標は「母親同調」得点のみであった。実施時期の主効果と交互作用については統計的には有意ではなかった。

図６‐３で示すように「母親同調」の多重比較をしたところ、第一回目については、Ｑ組がＯ組よりも低くその差は五％水準で、さらにＱ組はＰ組よりも低く一％水準で、それぞれの差が統計的に有意であった。第二回目についても、Ｑ組はＰ組よりも低く、この差は五％水準で統計的に有意であった。

中学生については、クラスによる「担任ＰＳ」の平均値に有意差は認められなかった。おそらく中学校では教科担任制であるため、一人の担任教師が多くの教科を担当することはなく、学級活動、給食、学校行事等を通してクラスの生徒と関わるが、小学校ほどクラスに密着することは少ない。このような事情が担任教師との親近感の違いを少なくしていると思われる。

小学校では「学校満足度」と「担任ＰＳ」について、第一回目よりも第二回目の方が悪くなってしまった。そこで学級経営が困難に陥りはじめた五年Ａ組の児童がどの

表 6-2　８つの指標についてクラス別・実施期間別の比較

実施年月	組		学校満足度	友人親和	友人同調	父親親和	父親同調	母親親和	母親同調	担任PS (cm)
第1回目	O 組	平均値	14.56	18.03	15.83	15.22	14.74	17.29	13.17	68.00
		SD	2.71	4.05	3.14	4.25	4.32	5.03	3.90	24.55
	P 組	平均値	15.30	18.97	15.32	12.43	14.29	16.65	13.27	71.51
		SD	2.97	3.66	3.41	4.24	4.59	3.76	3.72	38.89
	Q 組	平均値	15.29	17.97	14.61	13.66	12.59	16.66	10.47	88.81
		SD	3.15	4.46	2.81	4.78	5.85	4.50	3.56	68.70
第2回目	O 組	平均値	14.94	17.94	15.57	15.09	14.44	16.91	12.43	67.40
		SD	2.22	4.43	3.06	4.03	4.54	4.00	3.78	30.79
	P 組	平均値	14.59	17.49	15.46	13.43	14.70	16.14	13.35	76.81
		SD	2.97	2.74	3.32	4.07	3.73	4.14	3.61	56.81
	Q 組	平均値	14.59	18.06	15.06	14.22	13.09	16.00	10.91	97.58
		SD	2.66	4.06	3.09	4.35	4.86	4.42	3.68	97.50
主効果（組）									F (2, 171) 9.43**	F (2, 171) 2.49*
主効果（回）									F (1, 171) 0.37	F (1, 171) 0.35
交互作用									F (2, 171) 0.90	F (2, 171) 0.37

** p<.01 *p<.1

ように変化しはじめたかを個別に比較することにした。

第3節　学校経営が一層困難に陥ったクラスの児童の実態

「学校満足度」「母親親和」「友人同調」「父親親和」「父親同調」「母親親和」「母親同調」「担任ＰＳ」の八つの指標をＺスコアに変換して、五段階に分類した。これは第5章と同じ方法である。その上で、学年別・クラス別の個人表にまとめて学校の担任教師に返却した。以下に掲載した表は個人情報保護のために、出席番号を削除し、クラス名を変更したものである。性別の１は男子、２は女子を表している。

表６‐３は五年生の四クラスの内で、「学校満足度」が第一回目の調査で最も低かった5年Ａ組の個人別結果を示したものである。5年Ａ組は「学校満足度」が最も低いランク１の児童が五人で、ランク2が二人と他のクラスより多かった。「担任ＰＳ」もランク１の児童が一人いた。この第一回目の結果を七月にもって小学校へ訪れ、結果を説明した。アセスメント検査の結果を担任に提示し、説明しようとしたところ、担任から自身の健康状態が悪いとの訴えがあった。加えて、学級経営がうまくいかないことの相談があった。このため、担任教師、学年主任と校長を交えて学級経営が困難になりはじめているＡ組の状態をどうするかの話し合いをもった。結局、学年主任と校長の判断で、学年全体で援助することになった。

学級経営が困難になったＡ組については二学期から加配の教員をつける余裕はないために、前述したように五

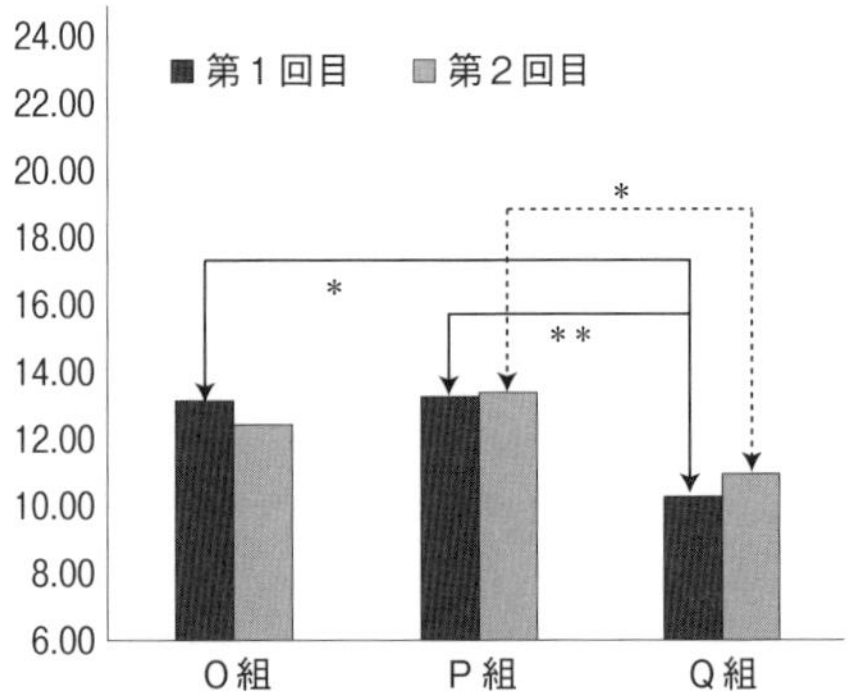

図6-3　中学２年生の母親同調得点の組別／時期別比較

表 6-3　第 1 回目の学校満足度が最も低かったクラスの変化

性別	学校満足度		変化	友人関係		変化	父子関係		変化	母子関係		変化	担任 PS		変化
	第 1 回	第 2 回		第 1 回	第 2 回		第 1 回	第 2 回		第 1 回	第 2 回		第 1 回	第 2 回	
1	2	2		C	C	↓	B	D		D	D	↑	3	3	
1	4	3	↓	D	A		B	A		D	B		3	3	
1	3	3		C	A	↑	B	B		D	B		3	2	↓
1	3	2	↓	B	C	↓	B	C		D	C	↑	3	3	
1	3	4	↑	A	A		C	A		D	D	↓	3	1	↓
1	3	2	↓	D	D		C	B		D	A		3	1	↓
1	3	3		B	A		C	C	↓	C	C	↓	3	3	
1	3	2	↓	D	C		C	C		C	C		3	3	
1	4	4		B	C		A	A		D	D		3	3	
1	3	3		A	A		A	B		A	A		3	3	
1	1	2	↑	A	A		C	C		C	B	↑	3	1	↓
1	4	3	↓	C	B		C	C	↑	C	C	↑	3	3	
1	4	3	↓	D	C	↓	C	C	↓	C	C		3	3	
1	3	2	↓	D	D	↑	A	A		B	B		1	2	↑
2	3	1	↓	C	D	↓	A	A		A	D	↓	3	1	↓
2	1	1		C	C	↓	D	A		D	D		3	3	
2	3	3		B	B		C	B	↑	C	B		3	3	
2	3	3		B	B		A	A		D	A	↑	3	2	↓
2	1	3	↑	C	B		B	C		B	A		3	3	
2	3	3		C	B		D	C		C	A		3	3	
2	1	1		B	B		A	A		C	C	↑	3	2	↓
2	4	2	↓	A	D	↓	D	D	↓	A	D		3	1	↓
2	3	2	↓	A	C		C	B		A	B		3	3	
2	3	3		C	B		C	C		B	A		3	3	
2	1	1		D	A		D	D		D	A		3	1	↓
2	3	3		D	B	↑	D	D	↑	C	C	↑	3	3	
2	3	2	↓	C	B		B	C		B	B		3	1	↓
2	3	2	↓	B	B		A	D		C	C	↑	3	3	
2	3	3		C	B	↑	B	B		B	B		3	3	
2	2	3	↑	A	A		D	A	↑	D	D	↑	3	1	↓
2	3	3		B	B		B	C	↓	B	D	↓	3	4	
	変化の合計	↓	12	変化の合計	↓	6	変化の合計	↓	4	変化の合計	↓	4	変化の合計	↓	11
		↑	3		↑	4		↑	4		↑	9		↑	1

↑　ランクが上がったケース
↓　ランクが下がったケース

年生の学年全体でＡ組を応援することになった。Ａ組の教員は夏休みからその後体調を崩し、二学期から入院したがその後退院し、二学期途中から復帰して再びクラス担任を務めることになった。Ａ組の担任は二学期から学級のルールを厳しくして改善しようとしたが、児童との関係を修復できなかったとの報告を受けた。

そして次の年の二月に第二回目のアセスメントを実施した。結果は表６-３に示した通りである。第一回目（七月）のアセスメント検査と比較すると、最も「学校満足度」が低いランク１は五人から四人に減少したが、ランク２は二人から九人に急増した。七月調査からランクが下がった児童は一二人、逆に上がった児童は三人、下がってしまった児童が圧倒的に多い。下がってしまった一二人の児童については、学級満足度は高いランク４と中程度のランク３であった。

「担任ＰＳ」は「学校満足度」と同様の傾向が認められ、担任教師と離れてしまった児童が一一人で、ランクが上がって接近した児童（ランク１→ランク２）が一人いた。他のクラスでいじめが発生したために、学校全体でそのクラスを応援する必要があったため、Ａ組の支援が不十分になったのは仕方ないと考えても、Ａ組の児童の「学校満足度」が一層低下し、「担任ＰＳ」も離れてしまった児童が増加して大変残念な結果になっていた。一度、学級経営が困難に陥りはじめたら、担任教師とクラスの児童の信頼関係を立て直すのは非常に難しいことをこの結果は物語っている。おそらくこのクラスでは、担任教師による授業がうまくいかず、この学年の教科学習は不十分になってしまったと思われる。そこで、「学校満足度」のランクが低下した児童を詳しく検討するために、項目別に示したのが表６-４である。「学校での勉強は楽しい」「学校の授業はよく分かる」「学校の行事や体験活動に参加するのは楽しい」の三項

表 6-4　学校満足度が低下した児童の項目別表示

	実数（%）
1. 学校は楽しい	6（50.0）
2. 学校の授業はよく分かる	8（66.7）
3. 学校の行事や体験活動に参加するのは楽しい	8（66.7）
4. 学校での勉強は楽しい	9（75.0）
5. 学校に行きたくないことがある（逆転項目）	6（50.0）

目が下がってしまった児童が三分の二以上を占め、他の二項目も五〇％の児童が下がってしまった。学校経営が困難になったクラスでは、担任教師が教える教科の学習への影響は大きいが、学校行事や体験活動の満足度、さらに学校全体の満足度も低下することをこの研究結果からは読み取ることができる。

次に、表６‐５にはいじめが発生したＢ組についての変化をまとめて示した。

第４節　いじめが発生したクラスの児童の実態

表６‐５は五年Ｂ組の個々の児童のアセスメント結果を示したものである。このＢ組の「学校満足度」の平均は、いじめが発生する前の第一回目の調査では、Ａ組ほど低くなく、その差は統計的には十％水準でＢ組が高かった。

Ｂ組には「学校満足度」が最も低いランク１の児童が一人とランク２の児童が二人いた。「担任ＰＳ」はランク１もランク２も〇人で、クラスとしてはまとまり、担任教師からも学級経営について何も問題が出されなかった。Ｃ組は「学校満足度」が最も低いランク１の児童は〇人であったが、ランク２の児童が一人いた。そして、「担任ＰＳ」が最も離れたランク１の児童が一人いた。Ｄ組については、「学校満足度」が最も低いランク１の児童が一人いた。しかし、「担任ＰＳ」はランク１とランク２は〇人であった。

このＢ組の「学校満足度」は、二月の調査では最も低いランク１の児童は一人であるが、ランク２が八人に増加している。しかも七月の調査からランクが下がった児童は一四人（四八・三％）と異常なほど増加し、上がった児童は僅かに二人であった。学級経営が困難なクラスと同様に、学級満足度が低下した児童の項目別比較を実施したのが表６‐６である。この表から「学校の行事や体験活動に参加するのは楽しい」が低下した割合が最も

表 6-4　いじめによって学校満足度が低下したクラスの変化

性別	学校満足度		変化	友人関係		変化	父子関係		変化	母子関係		変化	担任 PS		変化
	第 1 回	第 2 回		第 1 回	第 2 回		第 1 回	第 2 回		第 1 回	第 2 回		第 1 回	第 2 回	
1	4	3	↓	A	A		A	B		A	B		3	3	
1	3	2	↓	D	B		A	B		A	A		3	3	
1	2	2		B	C		C	C	↓	D	D	↓	3	3	
1	4	3	↓	B	D		B	B		B	A		3	3	
1	3	2	↓	C	C	↓	A	D		C	D		3	3	
1	4	3	↓	A	A		A	D	↓	A	A		3	3	
1	3	3		C	A	↑	B	B		B	C		3	3	
1	2	3	↑	A	D		C	C		D	C		3	3	
1	3	2	↓	C	D	↑	A	C		B	D		3	3	
1	4	3	↓	C	B	↑	C	B		B	B		3	1	↓
1	3	2	↓	D	D	↑	B	B		D	D	↓	3	3	
1	4	3	↓	A	A		A	A		A	A		3	3	
1	3	3		C	C	↓	C	B	↑	A	C	↓	3	3	↓
1	3	3		D	D		B	C		C	D		3	3	
2	3	3		A	B		A	A		B	B		4	3	↓
2	4	2	↓	A	A		D	D		A	D		3	1	↓
2	4	3	↓	D	A	↑	D	D	↓	D	D	↓	3	2	↓
2	3	3		B	B		A	A		A	A		3	3	
2	3	3		C	C		B	C		D	A		3	3	
2	1	1		D	D	↓	B	D		B	B		3	3	
2	4	3	↓	A	B		B	B		A	A		3	3	
2	3	3		B	B		C	D	↓	C	B		3	2	↓
2	3	4	↑	B	B		D	D		D	A		3	3	
2	3	3		A	D	↓	D	D	↓	B	B		3	3	
2	4	2	↓	C	C		A	A		B	A		3	3	
2	3	3		C	C		C	C	↓	B	C	↓	3	3	
2	4	2	↓	A	B		C	C	↑	D	D	↑	3	3	
2	4	4		A	A		B	A		B	A		3	4	↑
2	3	3		B	C		B	A		B	B		3	2	↓
	変化の合計	↓	14	変化の合計	↓	4	変化の合計	↓	6	変化の合計	↓	5	変化の合計	↓	7
		↑	2		↑	5		↑	2		↑	1		↑	1

↑　ランクが上がったケース
↓　ランクが下がったケース

高くなっている。学校の行事や体験活動はグループ活動が多いために、いじめに関わったクラスメート、傍観者であったもの含め、学級集団として活動するには楽しい雰囲気にならないためであろう。それは、「学校での勉強は楽しい」「学校に行きたくないことがある（逆転項目）」の低下にもつながっている。

「友人親和」の最も低いランク1の児童が第一回目では二人で第二回目でも同数であった。ランク2の児童は第一回目では五人であり、第二回目でも五人であった。友人関係についてはランクの変化はほとんど認められなかった。父子関係では「父親親和」のランクが下がった児童は六人、上がった児童は二人であり、下がった方が多くなっている。母子関係も同様に、「母親親和」のランクが下がった児童は五人で上がった児童は一人であった。いじめが発生したことで父子と母子間の信頼感が低下した児童がいるがクラス全体の平均値から、その差は統計的には有意ではなく、低下したとは言えない。

「担任PS」については、第一回目には最も離れているランク1が○人であったのに、第二回目は2人に増加している（ランク3→ランク1）。しかもこの児童二人は第一回目の「学校満足度」がランク3であった児童である。ランク2については第一回目では○人であったのが、第二回目では三人に増えている。いじめが発生したことで、担任教師に対する親近感が薄れてしまった結果である。「担任PS」と離れた距離をとる児童が増加し、担任教師との信頼関係が崩れてしまい、学級の多くの児童が学校生活全般にわたって学校への満足度を低下させてしまっている。いじめられた被害者は第二回目の調査時点では、学校に登校することができず、アセスメント結果には入っていない。

表 6-6　学校満足度が低下した児童の項目別表示

	実数（%）
1. 学校は楽しい	8（57.1）
2. 学校の授業はよく分かる	8（57.1）
3. 学校の行事や体験活動に参加するのは楽しい	10（71.4）
4. 学校での勉強は楽しい	9（64.3）
5. 学校に行きたくないことがある（逆転項目）	9（64.3）

第5節　試行的研究から得られた結果

本研究では、新しい学年が始まり学級づくりが進行する時期にアセスメント検査を実施して、「学校満足度」と友人関係・親子関係・担任教師との関係から援助が必要な児童・生徒を特定して、担任教師に情報をフィードバックして援助に役立てることを目指した。

まず、小学校五年Ａ組では学級経営が困難な状態に陥りつつあるために、担任教師・学年主任・校長と話し合いを持ち、二学期から学年主任を中心に五年生四人全員の教員で協力し合い、Ａ組を支援することになった。三学期に再度アセスメント検査を実施して学年全体で支援の成果を検討することにしたが、Ｄ組を除いてすべて一学期末の状況よりも「学校満足度」「担任ＰＳ」が悪くなってしまった。Ａ組の担任教師は健康上の理由から入院し、健康状態が良くなったために再度復帰したが学級経営は改善できなかった。学級経営が困難になったクラスを担任教師自身もクラスのルールを厳しくして改善しようと努力した。校長も学年主任も支援したにもかかわらず徒労に終わった。学級の荒れは学業のみならず学校生活全体の満足度を低下させ、学校に行きたくないと思う生徒を増加させる結果となっていた。

小学5年のＢ組ではいじめが発生し、学校全体で支援に当たったが、学級全体のまとまりが悪くなってしまった。いじめが発生したことで、グループで活動することが多い学校行事や体験活動に及ぼすマイナスの影響は大きかった。しかも「学校満足度」が高い児童と中程度の児童の満足度を低下させてしまった。「学校満足度」のランクが低下した児童数は全児童数三十人中一三人（四三・三％）に上った。しかも「担任ＰＳ」のランクが下がった児童が七人（二三・三％）になり担任教師に対する親近感、信頼感も低下してしまった。

本研究でクローズアップされてきたことは、日本の小学校の優れた側面は、学級経営を担う担任教師に親近感を抱き、クラスがまとまっていることである。この学級づくりはとても重要な特徴である。その上で、教師の指導による学習内容を児童生徒が理解でき、学級での相互の学び合いも楽しくなる。担任教師の努力により学級づくりをすることは、あたかも野菜や果樹を育てるのには、まず土壌づくりが必要であり、土壌づくりは植物の種類に合わせて最初に行う仕事である。土壌づくりが終わったら植物を植えて水や肥料を時期と量を考慮して施す。学級づくりは土壌づくりと似ていて、担任教師が十分な準備をしないままにクラスの児童を指導しようとしてもうまくいかない。クラスという土壌の上で、児童たちは友人との信頼関係を築き、友情を培う。担任教師に親近感を抱くことで、クラス全体に楽しい雰囲気が醸し出される。

ただ、子どもはそれぞれ生まれもった個性をもって生まれてくる。そして、親や家庭環境、さらに住む地域により、その影響を受けて人格を形成する。親による児童虐待などによって親に対して信頼感を抱けない子、家庭でのしつけが不十分なままで育ち自分の感情を抑制できない子、すぐに暴力を振るうなどの特性をもったまま学校に通ってくる子どもが増加してきている。このような児童生徒は、友だちだけでなく担任教師ともうまく関われないことが多い。学級全体がまとまっていれば、担任教師が問題を抱えている少数の児童生徒をうまく支援して、導くことは可能である。担任教師の豊かな人間力と努力によって、児童一人ひとりの個性を把握し、信頼関係を構築することもできる。

しかし、近年では学級崩壊が珍しいことではなくなりつつある。教師になって五年以内の新任教師の五人に一人が学級崩壊を体験すると言われている。学級が崩壊すると、担任教師の指導が十分でなくなるために、クラス内の秩序が乱れ、いじめも発生しやすくなる。「学校満足度」は低くなり、本調査でも「学校に行きたくなくなることがある」と思う児童が多くなる。では、今後の学校教育には何が求められるのかを、筆者が訪れたアメリカ・香港・台湾の学校教育の状況を交えて、第７章で述べることにする。

引用・参考文献

今川峰子・三島浩路　二〇一三　児童・生徒を支援するための「適応度診断と介入」検査の開発と応用　平成二二年度〜平成二四年度科学研究費補助金（基盤研究（C））研究成果報告書

中央教育審議会義務教育特別部会　二〇〇五　今後の教員養成・免許制度の在り方について（答申）　<http://ssk.econfn.com/eigoyukue/yukue7.pdf>

中央教育審議会義務教育特別部会　二〇一一　教師像、教師の質の向上　中央教育審議会義務教育特別部会議事録（第一回〜第四回）における主な意見　<http://www.mext.go.jp/b_menu/shingi/chukyo/chukyo6/gijiroku/05041201/002.htm>

7 日本の学校教育の実態とアメリカ・香港・台湾の学校教育の変革

第1節　今日の学校教育の現状と本研究の結果からの検討

日本の学校教育の優れた側面として、一九八〇年代に来日したアメリカのルイス（C. Lewis）は次の三つのことがらを挙げていた。第一に大勢の子どもを一人の教師がまとめて、指導案に沿って子どもの意見を取り入れつつ、流れるような授業をしていることと、第二に学級集団のまとまりを利用して、多くの児童を高い学力水準にまで到達させていることであった。第三にこれは小学校に特徴的なことがらであるが、クラスの友だちに親切にすること、仲良くすることなどの協調的態度と社会性を育成する教育が、学校生活のカリキュラムのなかにうまく組み込まれている点である。

学力面について、第1章で述べたように、ＰＩＳＡの学習到達度調査からは、一五歳段階の生徒の数学的リテラシー・科学的リテラシー・読解力はＯＥＣＤの加盟国でも高く、均質的に高い学力水準までに引き上げることができていると判断できる。ただ、日本では高校入試があるために、多くの中学生は塾に通い、学校の授業以外でも一層高いレベルの内容を学び、理解を深める努力を重ねている。日本での塾の存在は、高い学力を有している児童生徒だけでなく、学校の授業が分からない、理解できない子にも個別に指導をして、全体の学力向上の一翼を担っている。学業到達度の高さは学校の授業だけではなく、塾によって支えられている部分がある。このために長時間の学校生活と学校のクラブ活動、そして下校後の塾通いで、残念ながら趣味やレクリエーション、ボランティア活動、地域の行事や運動クラブの活動時間は中学生以上になるとほとんどない。

しかも、日本の生徒の学習意欲が低いこと、そして自尊感情は他国に比較してかなり低いのは様々な調査から知られている。学校のクラブ活動以外に地域の活動や趣味・レクリエーションに参加して多様な体験を積むことで自己肯定感を高めることができるのに、それだけの時間と機会が失われている。「人に親切にしたい」と他者を気づかう心は育っているが、「自分にはよいところがある」との自己肯定感については、小学生より中学生、そして高校生と学年が上がるほど低くなっている。これは学校だけの責任ではなく、大人社会の子どもの発達に何が必要かについての無関心が招いた結果である。

さらに、いじめや不登校の問題は依然として減少していない。いじめとは、同じ仲間同士の、しかも対等である立場の者同士が、ある些細なことを契機として集団内のバランスを崩して、仲間はずれや深刻ないじめにまで発展したものである。筆者自身が毎年実施している学生のいじめレポートの結果から、個々の児童生徒が打ち込める目標をもつことが、自己肯定感を高め、いじめを少なくすることにもつながるのではないかと思う。不登校については、児童生徒の総数が減ってきているために、近年では減少しているが、二〇一二年の調査では小学校で二一、二四三人、中学校で九一、四四六人となっていて減少したとは言い難い。しかも、高等学校では増加傾向にあり、不登校生徒の三分の一は中途退学になっている。不登校から退学する生徒を救うためには、学校や社会とのつながりの糸を切ってしまわないような対策が求められる。

さらに、共に学び合い、他の人を思いやる心を育み、友情を深めるような学級経営の仕組みが優れているとルイスが称賛した日本の学校現場で、学級崩壊の実態が報告されるようになった。文部科学省は一九九九年に学級崩壊を、子どもたちが教室内で勝手な行動をして教師の指導に従わず、授業が成立しないなど、集団教育という学校の機能が成立しない学級の状態が一定期間継続し、学級担任による通常の手法では問題解決ができない状態と定義している。この状態は、ある一つの原因からではなく、複合的な要因が積み重なって起きている。就学前教育との連携不足、特別な教育的支援が必要な子どもを抱えたケース、家庭で十分な養育を受けていないケース、教師の授業内容と方法に不満を持つケース、教師の学級経営が柔軟性を欠いているケースなどである。

そこで、児童生徒が授業を受け、学校生活を送る上で最も大切なことは、まず学校が楽しい、授業が分かる、学校での勉強は楽しい、学校の行事や体験活動に参加するのは楽しい、学校に行きたくないと思うことはないなど、学校生活が楽しいことにある。筆者らは小学校四年生から中学三年生までを調査協力者として「学校満足度」を支える要因を検討した。その結果、「学校満足度」を支える重要な要因は、友人への信頼感、教師への親近感、そして父親・母親への信頼感であった。そして、「学校満足度」が特に低い児童は、友だちへの信頼感が低いことが多い。さらに、父親への信頼感、母親への信頼感が低いことが挙げられた。そして、クラスの「学校満足度」が特に低いクラスでは、担任教師に対する親近感の程度として導入したパーソナル・スペースが大きく離れている児童生徒が多いのが特徴であった。

第5章では、個々の児童について現場の教師とともにアセスメント結果と児童の実態を検討した結果、現場の教師の目からは、友人への信頼感が低くても仲間に同調的な態度を取る児童については問題があるとは把握されにくい。その一方で、友人への信頼感が低く、同調性が低くて非協調的な児童は、学級集団のなかで勝手に振舞うために教師から見て問題であると判断され、アセスメント結果とも一致していた。「学校満足度」が極めて低い児童が多く、担任教師とパーソナル・スペースが大きく離れていた児童が四～五人いるクラスは学級経営が困難になっていた。

このために、新学期が始まった早い時期にこのアセスメント検査を実施して、結果を学級担任にフィードバックして、学級経営が困難に陥るのを防止するのに役立てる研究を企画した。第6章で述べた研究は、支援の方法を考える試行的な研究である。しかし、いったん学級経営が困難になりはじめたクラスを立て直すことは容易なことではなかった。小学校には予備の教員が特別に配置されていないため、他のクラスの教員が応援することには限界がある。しかも、担任教師は心機一転して二学期からクラスのルールを厳しくして授業に臨んだが、結局、このクラスの多くの児童の「学校満足度」は一層低下してしまい、担任教師に対して親近感を抱くことができずに終わってしまった。おそらくこのクラスでは、児童達は授業内容を十分に理解できずに学年が終わり、児童相互の協調性も培われないままで六年生に進級していったと思われる。

さらに、調査に協力してもらった同じ小学五年生四クラスのうちでいじめが2学期に発生した。このため、校長を中心にして学校全体で対応することになった。このクラスでは、いじめが発生した後のアセスメント結果からは、「学校満足度」が低下した児童は約五〇%に広がり、さらに担任教師への親近感の尺度であるパーソナル・スペースのランクも離れたものが約四分の一に達した。要するに、いじめの発生による教師の対処を巡って「学校満足度」が低くない児童、さらに高い児童にまで悪影響が及んでいた。その上に、いじめられた児童は登校できない状態に陥ったままであった。結果として、担任教師と児童の関係が悪くなり、調査結果からは学業面の影響、学校行事などの参加意欲までも低下していた。

近年では「家庭の教育力の低下」「地域の教育力の低下」により、感情・衝動の抑制ができない、大人の指示に従えない、普通の子どもであってもうまくコミュニケーションが取れない、集団で行動できないなど社会的スキルが十分でない子が多くなっている。一クラスの受け持ち人数は、諸外国と比較すると日本は多い。ＯＥＣＤの調査で比較すると、日本の平均学級規模は、小学校が二八・六人、中学校が三四・〇人で、ＯＥＣＤ各国平均（小学生二一・六人、中学生二三・九人）を上回っており、ＯＥＣＤ加盟国の中では韓国についで学級規模が大きい国の一つになっている（文部科学省、二〇〇六）。さらに、特別支援教育が必要な児童生徒の増加、教師の指示に従えない、集団行動が取れない子どもが増加してきたことにより、小学校担任教師は多忙な毎日を送らざるを得ない。ゆっくり子どもと向き合う時間がないと愚痴がこぼれるほど忙しいとの声を聞く。現場の教師の実態として、特別に支援が必要な児童生徒がクラスに複数以上いると、ベテラン教師でも授業が成り立たなくなる場合があり、健康を害して休職する者、定年を待たず退職してしまう者がいる。さらに大都市周辺の学校では、毎年志の高い多くの新任教師が採用されるが、数年して辞めて故郷に帰ってしまうなど、学校現場がとても厳しい状況にある。教育は「国家百年の計」と言うように、教師は価値のある素晴らしい職業であり、児童生徒の人生の進路選択にまで大きな影響を及ぼす職業であることは間違いない。このために地方自治体の教育委員会、そして各学校独自でも様々な研修を重ねて教師力の向上に努めているが、研修を重ねることのみに期待するだけではすまされないと思う。

このような学校教育における子どもと教師の信頼関係の希薄化の原因は複合的であり、その根底には戦後の日本の復興と繁栄による都市化・核家族化・少子化・高齢化・地縁社会の崩壊がある。しかも経済活動のバブルと崩壊後の社会では、地方経済の衰退・若者雇用の不安定化、そして児童虐待の増加がある。学校現場での問題を解決するには、児童生徒が長時間にわたって生活を送るクラスの授業環境、教師との関係、友人関係、学校生活を背後で支える家庭での親子関係のみならず、学校が存在する地域社会からの教育的援助を含めた社会教育環境を考慮に入れて対処するのが最善の方策であると思う。このため、他国の教育システムと日本の教育システムを比較し参考にすることは意義があるために、筆者が訪れたアメリカで見聞した大規模な教育プロジェクトを以下に紹介したい。

第2節　アメリカの教育的介入のルーツと現在（貧困との戦いの補償教育から個性を伸ばす教育まで）

1　貧困との戦いの補償教育

アメリカ合衆国の教育は州政府のもとに運営されている。肌の色・宗教・言語・社会的慣習・文化等が違う多民族が移住して、州政府の下に国家を形成しているため、様々な違いを受け止め、その上で公教育を実施せざるを得ない宿命にある。西欧から移住した白人が、原住民を追いやり、白人を中心にした町をつくり、アフリカから黒人を奴隷として連れてきて、農園労働に従事させた歴史があり、人種的偏見・差別は今でも根強く残っている。一九六〇年代になると公民権運動が高まり、様々な政策によって偏見と差別を克服する政策が進められた。一九五七年のスプートニクショックを契機に、①科学教育を振興する教育改革へ着手、②肌の色・言語・文化等の違いによるハンディをもつ子や障害をもつ子への心理教育的支援の教育政策が、ケネディ大統領の時代に企画・立案された。「貧困との戦い」をスローガンに、社会的・文化的に恵まれない子、障害をもつ子を対象にした就学前教育である（今川、二〇〇九）。経済的貧困と教育程度の低さから、幼児期に適切な家庭教育が受けられない幼児を対象として、知的な能力を促すと共に学習への意欲・態度を養うことを目指しての補償教育が法制化され、五六万人が参加し、その後も年間約四十万人が参加した大がかりな計画であった。

ヘッド・スタート計画に参加したグループの知的能力（IQ、レディネス、学力）は、実施直後では成果が見られたが一年後、二年後と次第に効果は減少し、三年後にはほとんど色あせてなくなってしまった。学習への意欲・態度や社会的行動に関しても同様の結果となっている。要するに計画実施中または直後では、知能検査や態度測定からその効果がはっきりと認められた。しかしその効果は長続きしなかった。特に数や言語の構造化された教材を使用し、効率的な学習ができるベライター・エンゲルマン法は、実施直後には自由保育の方法やモンテッソリー法と比較するとIQの上昇は顕著であった。しかし、二年後から急速に効果は薄れ、長期的に見ると最も悪くなっていた（今川、一九九四）。母親が計画に積極的に参加した地域では、子どもの知的発達によい影響が見られ、効果の色あせも少ないことが分かった。ただ巨費の投入にもかかわらず、それほどの効果が上がらなかった。補償計画は親の参加と指導者養成のプログラムのためのマニュアルを作成して、一九七〇年代以降も継続されたことを添田（二〇〇五）は紹介している。

このプロジェクトからテレビ番組の『セサミストリート』が生まれた。その後、この実践的な教育プログラムの開発は、特別に支援を要する子どもだけでなく、英才教育・才能開発・早期教育にも広がっていった。日本では、アメリカのセサミストリートを模倣して『ポンキッキ』が制作されている。

2　個性を伸ばす教育

補償教育・障害者への教育政策の一方で、アメリカでは多様な教育が展開されていることを理解すべきであろう。質の高い教育を実践し、全米で実施される標準学力テストで高い成績を修めるために、教育予算を厚くして、優秀な教師をスカウトするのは教育長の役割とデラウエア州のある教育長が語っていた。名門高等学校（例えばセイント・アンドリュース高等学校）では、日本の学校よりも少人数のクラスでレベルの高い授業を展開しているだけでなく、積極的に社会活動やスポーツ活動に参加することを奨励していた（今川、二〇〇三）。これは、第1章で紹介したデラウエア州にある高等学校である。

さらに、アメリカの学校は教育制度も州によって多少異なる。日本では、六・三・三制度の下に、すべて一律であるが、例えばアメリカのテネシーのウイルソン学校区は、一万二千人の児童生徒が通う学校区であるが、学校は学年の区切りが一律ではない。その学区の内訳は、幼稚園から中学校三年生まで擁する学校が一一校、幼稚園から小学校六年生までが八校、中学校一年生から中学二年生までが一校、中学一年生から高校三年生までが一校、中学二年生から高校三年生までが二校、技術を中心にした職業訓練校が一校であった。テネシー州のナッシュビル市では、優秀な児童生徒の三%は特別なプログラムで学ぶことができるようになっていた。イギリス、アメリカ、オーストラリアでは、潜在的能力が特に優れているとされる子どもたちに対して、特別な措置を取り、ギフテッドと呼ばれる才能教育を行っている。学力レベルが混在する教室では才能がある子どもが頭打ちになるのを避けるためである。アメリカで使用された特別支援教育の用語は、このような並はずれて優れた潜在的な才能を秘めた子どもへの支援と、逆に発達障害等の障害のある子どもに対する教育を意味しているが、日本に用語として導入されたのは、障害のある子どものみを対象とするものである。さらに理科と数学が特に優秀な生徒を集めたマグネット・スクールがつくられていた。マグネット・スクールとは必ずしも理科と数学に特化されていたわけではなくて、教育熱心なテキサス州では国際化を見据えた異文化・語学などに特化した高等学校が設置されていた（今川、二〇〇三）。

第3節　学校と大学の連携プロジェクト

1　FAST　Track　計画

テネシー州バンダービルト大学には附属研究施設のケネディセンターがある。ＦＡＳＴ（Families and School Together）Ｔｒａｃｋ計画は、子どもの問題行動を予防するための介入プログラムである。このプロジェクトの特長は学校、家庭、大学の連携の下に、大規模で、包括的で、多面的に教育的援助が実施されていたことにある。

筆者が訪米した二〇〇〇年にはノースカロライナ州、テネシー州、ワシントン州、ペンシルバニア州の四つの州を拠点に、当時の日本円に換算して一四億五千万円の巨額の基金がこのプロジェクトに投与されていた。

幼児期・児童期初期に問題行動を示す者は、青年期に犯罪を犯す確率が高いとの調査結果があり、青年期に退学、非行、犯罪を少なくするためには、幼少期から支援し、学業を成就させて、学業不振・非行・ドロップアウトをさせないように教育的支援をするのが効果的であるとの信念から実施されていた。テネシー州ナッシュビルでは四つの学校区がこのプロジェクトに参加していた。プロジェクトは三つの段階から構成される。

第一段階：まず、小・中学校の教師が夏期訓練のワークショップに参加し、学校で実施するこのプロジェクトの目的とカリキュラムの教示を受ける。教師は学校で、すべての児童生徒を対象に予防的なプログラムを実施する。①自己統制力を高める、②コミュニケーション能力を高める、③仲間とよい関係をつくる、④責任ある行動をとる、⑤規則正しい生活習慣をつける、⑥効果的な問題解決能力をつける等の内容になっている。

第二段階：学校で教師によって実施されるプログラム以外に、夏休みの親子合宿を通して親の子育てに関する情報を提供し、親同士が交流して子育ての悩みを話し合い、親業を顧みる機会をつくり、家族の子育てを支援する。

第三段階：個別的な支援サービスであり、助言者や家庭教師が問題行動を示す子どもの家庭を訪問して、直接子どもに勉強を教え、親に子どもの教え方の指導を行うなどのサービスを実施する。

まず、ナッシュビル市の約二十ヶ所の幼稚園に働きかけ、幼稚園教諭からの情報を基に、将来、問題を抱え、支援が必要になりそうな子をリストアップする。リストアップした子どもに面接して、支援が必要かどうかを判定する。同時に幼稚園のしつけや教育方針について調査をする。親に対しても、養育態度、家庭環境について、聞き取り調査をする。親または教師がこのプログラムに参加することに難色を示すケースを除いて、幼児期段階で問題行動を示す子どもを選び、研究プロジェクトの推進はバンダービルト大学が担当し、巨額の資金援助を受けていた。

バンダービルト大学の附属研究所であるケネディセンターは、家庭と教師が一体となって、子どもを支援できるように指導する役割を担っていた。教員養成課程の学生や院生が、ケネディセンターからの要請を受け、問題行動を示す子どもの家庭教師として派遣された。子どもたちは、一週間に三十分、三回、家庭教師から勉強を教えてもらうサービスを受けることができる。小学三年生になる前までは、このような個別指導以外に、親に対しても子どもの勉強のさせ方を助言者から個別に指導を受けることができる。小学三年生から高校一年生までは、児童生徒の希望に応じて個別指導と親の指導を実施していた。

さらに、支援が必要な幼児に対しては、友達を誘って三十分間、遊びの指導をケネディセンターが実施していた。支援が必要な幼児ほど「友人と遊んでもらえない」、「一人ぼっちだ」との疎外感を抱きやすい。友達と一緒にゲームを楽しむことで、交友関係を広げ、社会的スキルを高める。年間四回、ケネディセンターでスタッフによる介入が実施されるが、導入しているゲームはとても楽しく、多くの幼児は遊びを楽しみにしているために、それほど逸脱した行動は見られない。ただ、もし、友達との遊び場面で困った行動を起こした時には、スタッフが叱責することがある。

2　学習困難者への教育的介入

二〇〇五年には落ちこぼれ防止法（ＮＣＬＢ）が同様に法制化され実施に至っている。貧困や不利な境遇に置かれた児童生徒の学力向上のために考案されたものである。すべての児童生徒に目指すべき学力基準を設けて到達できる方法を開発すること、年次学力測定を開発すること、高い資格を有する教員を配置する目標を設けている（Cortiella, 2006）。この法律による学力向上策は、前述したエジソン小学校でスクールサイコロジストを中心にＲｔＩ（Response to Intervention）が実施されていた。ＲｔＩとは、今日ではアメリカで主流になっている学習への介入方法で、学習に困難を生じている子どもに、早期に効果的な支援を提供し、頻繁に進歩を測定し、困難が継続する子どもには徐々により密な、適切な研究に基づいた介入を行っていくことで、学校で落ちこぼれることを予防しようとするものである。発達障害をもつ子に対しては、個別障害者教育法が制定されている。このもとになった法律は一九七五年に制定された全障害者教育法（Education for All Handicapped Children Act）である。日本では二〇〇六年に発達障害者支援法が制定されている。これは障害のあるすべての子どもたちに無償で、かつ適切な公教育を提供することを目標にしている。

すべての生徒が学校でアメリカ市民として健全に成長するための心理教育的援助の専門家が中学・高等学校には必ずいる。スクールカウンセラーと呼ばれ、学校規模により人数は異なっている。スクールカウンセラーは個室をもち、学業達成度の評価、得意科目を伸ばすためのアドバイス、進路指導、友人や教師との人間関係の悩みの相談などを行っている。香港ではスクールカウンセラーとガイダンス教師、台湾は輔導教師が学校の一員として重要な役割を担っている。学校内での役割を次節で紹介しよう。

第４節　アメリカ・香港・台湾のスクールカウンセリングの動向

1　アメリカのスクールカウンセリングの変遷

アメリカでは、一九六〇年代から一九七〇年代まではロジャーズ（C. R. Rogers）を中心とした来談者中心のノンディレクティブ・アプローチが中心であった。つまり心理学的・臨床的パラダイムをルーツとした考え方が支配的であった。しかし、一九六〇年代以降になると政府による教育改革の方針により、教育的パラダイムをルーツとしたガイダンスカウンセリングの動きが台頭するようになる。このことによって、二つの異なった立場のスクールカウンセリングが並立して教育現場を混乱させることになる。中学校・高等学校では主に生徒のガイダンスに当たる専門家としてスクールカウンセラー（以後、SCと略す）が中核になり、全米スクールカウンセラー協会（ASCA）が組織された。このことにより、SCの統一基準に対する要請が強くなり、一九八〇年代には教職員・学校の管理職とは異なった専門職として、統一させることになり、SCはガイダンスを担う主役になったのである。その後に、ASCAは全米で統一したカウンセリングの基準づくりに着手し、学業的、キャリア的、個人的・社会的発達の領域における教授学習の基準が示されることになったのである。その特徴の第一は、幼稚園から高校三年生（一二学年）の児童生徒に対して前述した三つの領域について、児童生徒が良い成績を収め、学習への動機づけをもち、支援を受け、社会に貢献する一員となって育つのを支援することである。その第二は、三つの領域で成功を収めるように、紛争や暴力行為に対する予防的カリキュラムを組んで実践することである。第三は、様々な発達段階にある子どものニーズを満たすことにある。このためには、学校の管理職・教職員・親や保護者・企業や地域社会との話し合いをもち、子どもたちの成長を支援した成果を明らかにする責務がある（Gysbers & Henderson, 2000）。

2　ASCAによる国家基準モデル

ASCA（二〇〇四）は『スクール・カウンセリングの国家モデル』のなかで、学校教育で提供する内容を明確に掲げている。カウンセリングによって達成されていると判断する指標として、学業領域で有能であり自信があると児童生徒がポジティヴな気持ちを明確にもてるようになること、学業に対して積極的な興味を示す、勉強と成績にプライドをもつことなどを掲げている。キャリア的領域では、これまでの自分の知識と関連づけて職業世界を探索し、情報を得てキャリア決定を行うことができるスキルを獲得すること、将来のキャリア成功と満足を達成できそうであると確信すること、個人の特性、教育訓練、労働界の関係を理解することである。個人・社会的発達領域では、自己と他者を理解し合い、相手を尊重するようになる態度、知識、対人的スキルを獲得できるようになること、目標を達成するため、意志決定し、目標設定し、行動に移すことができる、安全と生存のためのスキルを獲得することを掲げている。目標達成のために、SCは学校のクラスで授業をする、複数教科にまたがるカリキュラムを実践する、集団活動を通してカウンセリングをする、保護者とのワークショップを企画し実践する、子どものための個別の計画づくりとして、個別または小集団でのアセスメントやアドバイス、コンサルテーション、カウンセリング、危機への対応など積極的に教育実践の場でのガイダンスをすることが求められている。

このように、アメリカのSCは学校で相談室を持ち、多面的にアセスメント、カウンセリング、ガイダンス、コンサルテーション、危機対応など包括的な視点で児童生徒のスクールカウンセリングを実践しているが、日本では「心のケア」を中心として限定した内容であり、心理臨床的なアプローチを基盤にした活動が主流になっている。何が違いをもたらしたのであろうか。

3　筆者が見たアメリカのスクールカウンセリング

筆者は二〇〇一年にテキサス州を訪問して、小・中・高等学校でのSCの役割について直接SCから説明を受けた。テキサス州では、一般に中学・高校では、受けもつ生徒をアルファベット順に決め、生徒の能力に相応しいコースの指導、大学進学へのガイダンスをする。高校では、英語・理科・数学・歴史が基本教科であるが、その上に自分の進路に合わせて、選択することになる。その教科を生徒はSCと相談して決める。SCのもとには生徒の成績が届き、一括して管理されている。教科の評価を生徒に渡し、成績を上げるにはどうするのかなど、生徒へのガイダンスをする。一般に高校には七〜八人のSCがいて、学習習慣・成績・他の生徒との交流の仕方・教師との対応、進学、就職、ビジネススクールの相談、生徒の両親との相談、親からの進学相談とガイダンスなど多方面にわたった相談の役割を担い、全米で実施される標準化された統一テストを指導・実施する。その他に、様々な集団で実施するテストはSCが実施し、すべて生徒ごとに管理している。

ジャクソンケラー小学校では、児童数は五二〇人であった。この学校は貧しい家庭の出身者が多く、全体の七八％は学校給食が無料になっていた。そして、学校独自に従来の教育プログラムを改善して、一九九二年には基礎教科に重点を置いたカリキュラムを実施することになったという。この小学校では、SCは集団学力標準テスト、認知能力テスト、ITPSテスト（二年生、五年生）、テキサス標準テスト等を実施していた。そして二〜三週ごとに、児童に対して、責任あるような行動がとれるように、毎日三十分程度その指導をしていた。それは①プライドクラブプログラムといって、良い行動をした児童を表彰するプログラムであり、その基準は忍耐強い、情熱がある、誇りある行動などで、各教室から担任によって選ばれ、表彰されるプログラムである。②カウンセリングプログラムで麻薬・飲酒などへの安全教育を授業として実施する。警察の協力も得て、授業のなかで取り上げる。③顧問指導プログラムとは、美術関係の仕事をしている人を招聘し、授業をしてもらいキャリア教育に活かすことを目指している（今川、二〇〇三）。

アメリカのSCは各州が認定する専門家としての資格である。このため州によって教員資格の取得を条件としない州もあり多少異なる。SCの大部分は修士の学位を持ち、大多数は教職経験がある。例えば教職経験を基礎資格にする州があり（テキサス州では教職歴三年）、大学院で必要な科目を履修して修士の学位を取得した後に州の試験に合格することが必要条件である。日本のＳＣとは異なり、役割が明確で学業面・進路面での支援を行うスペシャリストである。このため、一般教員よりも高い給与を得ていた。ただ、アメリカの教員の給与は低く、休暇中は給与が出ないために、アルバイトをする者もいた。

4　香港のスクールカウンセリング

一九九七年にイギリスから中華人民共和国に返還された香港は、イギリスの統治下の影響を残しつつ、中国本土への統合の方向に向かっていた。問題を抱えた特別な支援が必要な児童・生徒への支援は、イギリスで資格を取得した教育心理士（Educational Psychologist）の役割であったが、後に香港内の高等教育機関で養成するようになり、ここで養成されたスペシャリストが担うことになってきた（伊藤、二〇一〇）。

一方、ガイダンスを専門とするＳＣは、一九八〇年代には子ども三千人に対して一人が配置されていたが、一九九〇年代になると子ども一、六八〇人に一人と充実してくる。同時に、香港教育省の学校児童生徒支援担当部門を中心に、すべての子どもを対象にした全人的成長を目指し、予防・開発的な教育援助が行われはじめたところであった。

二〇一〇年の香港・台湾研修旅行では、ＳＣの個別的な支援の役割についての紹介ではなくて、香港教育省が強い指導力を発揮して実施しているすべての児童生徒を対象にした包括的スクールカウンセリングの理念や内容について、主席調査官のブライアン・リー（Brian Lee）氏から説明を受けた。この包括的スクールカウンセリングはすべての子どもを対象にして、学習面・キャリア面・心理社会面でよりよく成長することを目指した「積極的支援サービス」である。

香港ではＳＣが少ないため、教育省が提携大学の協力を得て養成課程を設け、すべての児童生徒を対象にした包括的スクールカウンセリングが実践できる中心的な教員を養成していた。ここで学んだ教員は包括的スクールカウンセリングを指導するスペシャリストとしての教員（School Guidance Teacher）の資格を得ることができる。スクールカウンセリング専門の教員は、児童生徒を対象にして、学校全体を支援するための包括的スクールカウンセリングが実践できるように、学校の学級担任に働きかけ、指導し、それを支援する。この専門の教員は、香港教育省のモデル事業に準拠した包括的スクールカウンセリングのカリキュラムを、自分の学校に合うように学校の独自性を踏まえ学級担任に伝授し、モデル授業の実践を通して学級担任がそれぞれ自分のクラスで応用できるような援助を行っている。このことにより、児童生徒は、人生を通して役に立つスキルを身につけることになる（西山、二〇一〇）。スクールカウンセリング専門の教員は、日本の学校の生徒指導主事と進路指導主事を兼ねた仕事をもっている。次に紹介する台湾の輔導教師と役割が似ている。

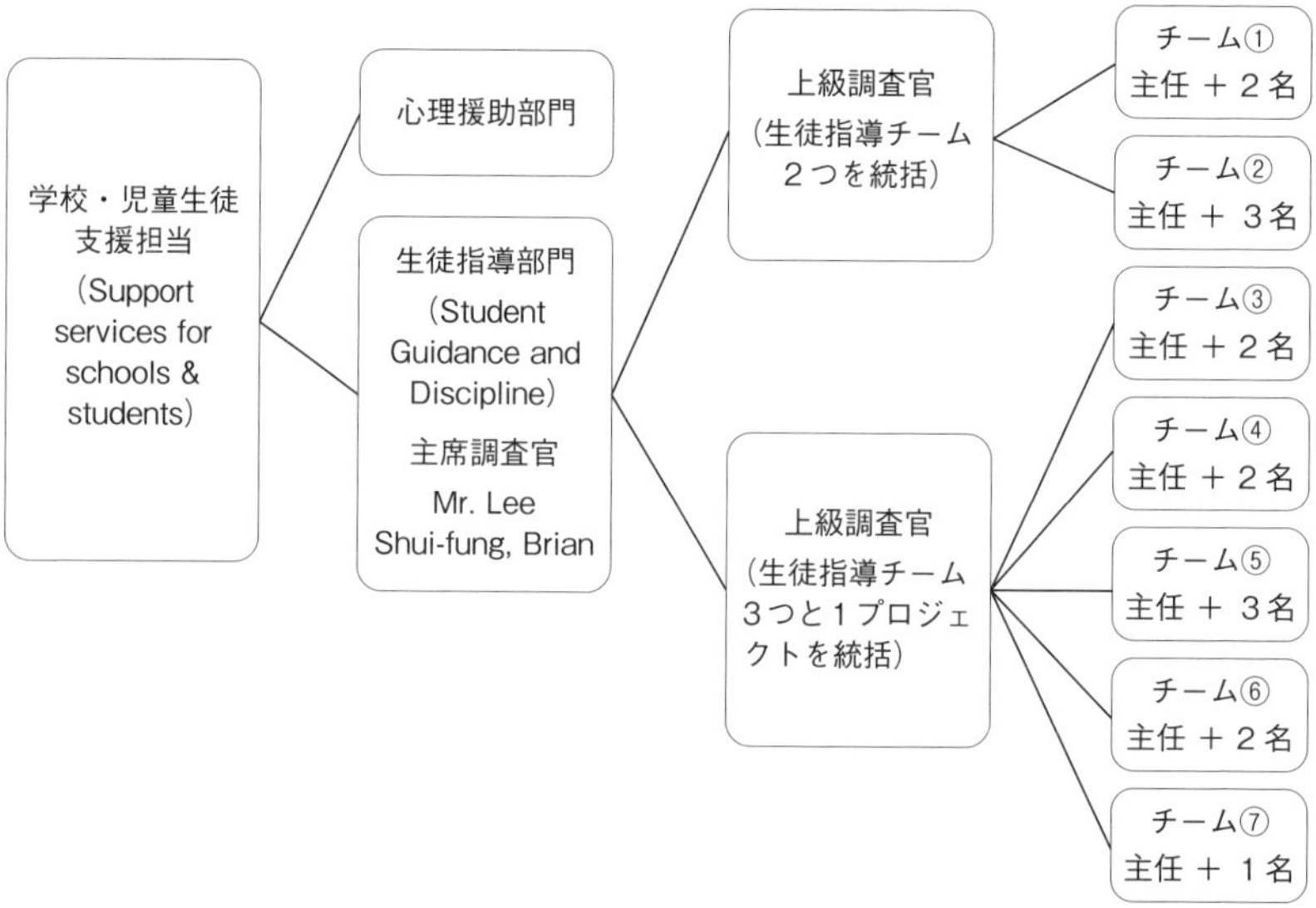

図7-1　香港教育省の生徒指導部門の組織とBrian Lee氏（西山，2010）

5　台湾のスクールカウンセリング

台湾では、一九九四年までは国が計画的に教師を養成する師範学校制度を取っていた。このため、養成に要する費用はすべて国が負担し、卒業後は教員（国家公務員）として就職も保障されていた。経済成長期には、師範学校を卒業しても教師にならないで給料の良い民間企業に就職する学生も現れたが、一九八九年のバブル崩壊以降、企業への就職が難しくなると、国家公務員として身分が安定する教員への志望が強まってきた。そして、師範学校のみに限定される閉鎖的な教員養成の制度に批判が噴出し、一九九四年に師範教育法が改正され、一般大学にも教員養成センターを設置することができるようになり、現在のような開放性の教員養成制度が確立された（米川、二〇〇五）。旧きよき師範学校制度の名残《なごり》があり教員の質は高く、アメリカ・イギリス・日本のような教師への暴力行為、器物破損、生徒間暴力などの校内暴力はとても少ない（二宮、二〇〇六）。台湾では不登校と青少年の自殺を予防することが重要な対策であった。

日本でも第二次世界大戦以前は、旧制中学校以上の教員の養成は高等師範学校が担い、すべて国費で賄われた。尋常小学校の教員は師範学校で養成し、すべて地方税によって運営されていた。日本では、第二次世界大戦後にマッカーサーが率いるＧＨＱは、師範学校制度を解体するよう指導し、現在のような開放制の教員養成制度になった経緯がある。台湾ではクライアントに対して、個別に個室でカウンセリングができる心理学の専門家は諮商心理士と臨床心理士のみである。今回の研修で訪問した國立台北教育大学の学院案内のパンフレットから、聞きなれない諮商という用語について、英語訳を探してみると諮商（counseling）と記載されていた。二〇〇一年に心理士法が制定され、諮商心理士は支援が必要な児童・生徒・成人を対象にして、個別に個室でカウンセリングをすることができる資格を有する専門家と法的に認定されることになった。この法律によって諮商行為（個室で個別に counseling をすること）ができるのは、精神科医・諮商心理士・臨床心理士に限定されることになった。このために、資格のない教師が教育相談室などで個別に面談をすることは法的に認められていない。

台湾の諮商心理士は学校や教育センターで働くカウンセリングの専門家である。学校で働く場合には教員免許状が必要である点では、アメリカのSCと共通する。大学院を修了して国家資格を取得した諮商心理士の主たる職場は、学校、カウンセリングセンター、メンタルヘルスセンターなどであり、台北市内に個人でクリニックを開業する人もいる。

臨床心理士の場合には、大学院課程で厚生省認可の成人精神科、児童精神科、神経科、家庭医学科のある医療機関などでの実習を必要条件とする。修了後は国家資格を得て、ほぼ全員が病院に就職するが、市内で個人開業をする場合もある（今川、二〇一〇）。

さらに台湾の多くの学校には輔導室があり、輔導教師がいる。輔導教師の役割は、①輔導（guidance）、②資料管理、③特殊教育の三つである（芳川、二〇一〇）。小・中・高校など学校で教師が生徒指導や教育相談にあたる場合には、輔導（guidance）と称している。諮商行為（個室で個別にcounselingをすること）とは区別している。輔導とは日本の生徒指導・教育相談と特別支援コーディネーターに該当する行為と考えられる。輔導教師は教育学系の大学院で、心理、諮商（counseling）、またはソーシャルワークを専門的に学び、修士課程を修了した教員が優先的に任命されることが多い。輔導教師は学校内では教員であるが、主に輔導（guidance）、学習、生活心理、職業適性評価、進路面での総合的なアセスメント、そして日本の特別支援コーディネーターの役割を担うスペシャリストであった。

台湾は日本の統治下で師範学校制度が導入され、第二次世界大戦後にその統治から離れた。アメリカ・香港・台湾を訪れ、教員と接触する機会があったが、アメリカの教師よりは台湾の教師の質は優れていると筆者は感じた。台湾の教師研修センターには、図7‐2に示した額が掲げられていた。他人（子どもや大人）を教育する立

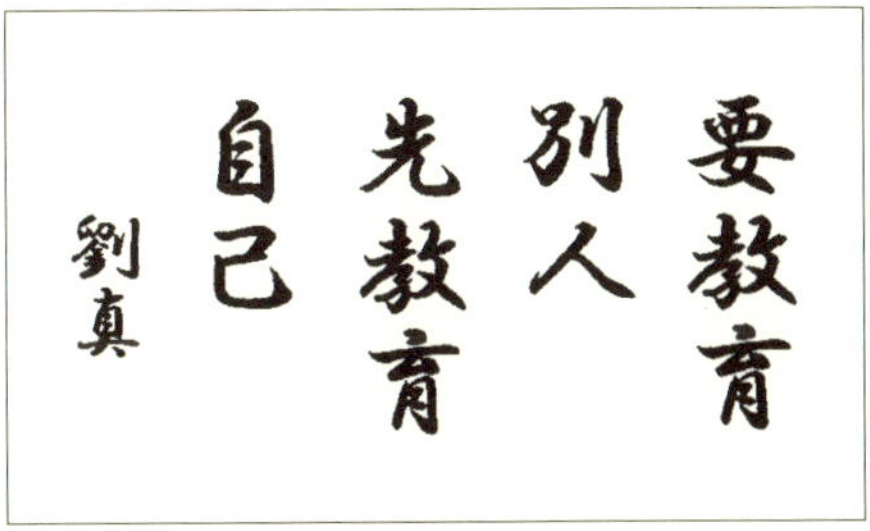

図7-2　台北教師研修センターに掲げられた額

場の人間（教師）は、先ず自分自身を磨き、自らを教育せよとの教訓である。ただ、今日の台湾でも学校現場が変化し、従来の方法だけでは対処できない問題を抱えつつあるということは、台湾の中学校を訪問した時に「日本の一五年後を台湾の学校教育現場が辿《たど》っている」と校長が漏らしたことばからうかがい知ることができる。

学校現場の教師のなかから専門性を磨いて、子ども一人ひとりの学習を大切にし、すべての子どもを対象にした豊かな人間性を育てるため、日本の教育風土に適した包括的スクールカウンセリングができる「日本型スペシャリスト」を養成することが、今求められていると筆者は実感した。

文献・参考文献

American School Counselor Association　2004　*The ASCA National Model: A Framework for School Counseling Programs.* Alexandria, VA: American Counseling Association.（中野良顕（訳）　二〇〇四　スクール・カウンセリングの国家モデル―米国の能力開発型プログラムの枠組み―　学文社）

Cortiella, C.　2006　*NCLB and IDEA: What parents of students with disabilities need to know and do.* Minneapolis, MN: University of Minnesota. National Center on Educational Outcomes.

Gysbers, N. C., & Henderson, P.　2000　*Developing and managing your school guidance program* (3rd ed.). Alexandria, VA: American Counseling Association.

今川峰子　一九九四　発達と教育の相互作用　神谷育司・酒井亮爾・杉江修治・富安玲子（編）　発達と教育の心理学　協同出版　三

二―四四頁

今川峰子 二〇〇一 アメリカのスクールサイコロジストの働き―ナッシュビルでの学校視察から 第二回学校心理士米国研修 日本教育心理学会学校心理士資格認定委員会 二一―二四頁

今川峰子 二〇〇三 デラウエア州の教育行政とスクールカウンセラー アメリカのスクールサイコロジストの働き―デラウエア州での学校視察から― 資格連合「学校心理士」資格認定運営機構学校心理士資格認定委員会 一六―二七頁

今川峰子 二〇〇九 大学と教育現場の橋を架ける 中部大学教育研究、六、六七―七六頁

今川峰子 二〇一〇 台湾の諮商心理士、米国のスクールカウンセラーについて 二〇一〇年香港・台湾スクールカウンセリング研修旅行報告書―学校現場・大学・行政の三者間連携を模索する― 学会連合資格「学校心理士」認定運営機構日本学校心理士会・学校心理士認定委員会

伊藤亜矢子 二〇一〇 香港の包括的ガイダンスプログラムについて―Brian Lee氏の講演から 二〇一〇年香港・台湾スクールカウンセリング研修旅行報告書―学校現場・大学・行政の三者間連携を模索する― 学会連合資格「学校心理士」認定運営機構日本学校心理士会・学校心理士認定委員会

二宮 皓 二〇〇六 世界の学校―教育制度から日常の学校風景まで― 学事出版

西山久子 二〇一〇 香港の教育局を中心とした教育行政による包括的スクールカウンセリングの支援 二〇一〇年香港・台湾スクールカウンセリング研修旅行報告書―学校現場・大学・行政の三者間連携を模索する― 学会連合資格「学校心理士」認定運営機構日本学校心理士会・学校心理士認定委員会

文部科学省 二〇〇六 図表で見る教育OECDインディケーター二〇〇五年版 <http://www.mext.go.jp/bmenu/toukei/05091301/004/002.htm>

添田久美子 二〇〇五 ヘッドスタート計画研究―教育と福祉 学文社

米川秀樹 二〇〇五 台湾の教員養成制度 米川英樹（編） 世界の教員養成制度Iアジア編 学文社

芳川玲子 二〇一〇 台湾における特別支援教育について 二〇一〇年香港・台湾スクールカウンセリング研修旅行報告書―学校現場・大学・行政の三者間連携を模索する― 学会連合資格「学校心理士」認定運営機構日本学校心理士会・学校心理士認定委員会

8　未来を拓く子どものための学校改革

第1節　日本の学校教育の成り立ちと地域が育てた学校

図 8-1　旧開智学校（展示解説図録，1999）

日本では明治の「学制」発布以降、各地に尋常小学校（現在の小学校）が建設された。廃藩置県によって藩が廃止され、その城跡に尋常小学校を建てられた場合もある。筆者の卒業した小学校では校庭にあった大きな楠木の根本に、城址であることを示す石碑が建てられていた。

その他、当時は地方の有力地主から土地の提供を得て、地域住民の寄付により尋常小学校が建設された。長野県松本市にある旧開智学校は、明治六年に開校したが、図８‐１にある校舎は明治九年に完成した。洋風の外観をもつ美しい和洋混交の建物で、地域住民による多額の寄付金によって建設され、現在も建物とともに机・椅子・教科書・教材が保存されている。

尋常小学校は地域の教育・文化の中心であり、地域住民の誇りとなっている。日本の学校の校名はその土地の地名がつけられ、地域社会に根付いた教育施設であった。

一九七〇年代以前には、多くの親は、経済的に貧しくとも子どもを「家の宝」として大切に慈しみ、しかも、子どもの教育に熱心であった。そして、地域の学校に愛着と誇りをもっていた。古くから伝統的に大人たちが子どもを慈しみ大切に育てていたことを、明治の初期に来日し、東京大学の動物学教授に就任したアメリカ人のモース（E. S. Morse）が、日本の育児文化の素晴らしさを紹介したことからも分かる。そして、地域社会では次の時代のムラ社会を担う子どもたちが健やかに育ち、地域の伝統行事や文化を継承することを期待して、大人が見守りつつ各地域で盛んに行われていた。第2章の写真で紹介した子ども神輿、子ども歌舞伎、子ども文楽、鳥追いなどの行事、寺院を中心にした稚児行列、報恩講、そして地蔵祭りなどがあり、子供会、青年団も今日と異なり、活発に繰り広げられてきた。その後の変化は第2章で紹介した通りである。

第2節　今日の学校と教師が置かれた立場

小学校学習指導要領は二〇〇八年に告示され、二〇一一年から全面実施になった。ねらいは「生きる力」の育成にある。そして、学校は家庭、地域社会と連携して「確かな学力」を育成する取り組みを充実させること、総合的な学習の時間等を通じて学びへの動機づけを図ること、子どもの実態や指導内容等に応じて個に応じた指導を柔軟かつ多様に導入すること、子どもにとって分かる授業を実施して、子どもたちの学習意欲を高めるような工夫を教育現場に求めている。「確かな学力」とは、知識・技能、課題解決能力、思考力、判断力、表現力などを含み、学ぶ意欲を重視し、これからの「時代を拓く子どもたち」に求められる学力である。学校では、知識の習得だけでなく、「習得、活用、探究」のバランスに工夫することを期待している。一九九八年の学習指導要領の自ら学び、自ら考え、判断する自己教育力、個性化教育の旗はまだ降ろされていない。ただし、実際の学校現場では授業時間数が増え、学習内容が増加したため、特色ある学校づくりにまでは至っていない。

日本の学校では第7章で紹介したアメリカのスクールカウンセラーの役割を担っているのは、基本的には学級担任である。日本の教師はクラス担任であり、小学校であれば全教科を教え、四十人弱の学級をまとめて運営する役割をこなす「ジェネラリスト」である。担任教師が児童生徒の学業面、心理・社会面をアセスメントし、カウンセリングし、親との連携を取り、心理教育的援助サービスを担ってきた。しかも、担任教師には児童が学業面で自ら積極的に興味を示し、自ら学修するアクティブラーニングが求められている。そして従来から日本の教育の核とされてきた、相手を思いやり、親切にし、仲間とは協調的な態度を育て、目標に向って努力する子どもを育てることに力を注いできた。ただし、このような担任教師の努力の実現は、担当する学級経営のありかた如何にかかっている。

学級経営が理想的に運営されている学級集団とは、河村（一九九九）の言う以下の五つの特徴があると思われる。①集団としての規律があり、規則正しい集団活動ができる。②学級内に親和的な支持的な人間関係が確立している。③児童生徒が意欲的に学習や活動に取り組んでいる。④児童生徒同士で学び合いが生まれている。⑤学級内に児童生徒の自治が確立している。

このため、日本の学校では、新学期になるとまず担任教師は学級づくりに着手する。児童生徒との絆を基に民主的な理想の学級集団を徐々に形成することで、①クラスには規律が生まれ、教師から積極的に学ぶ態度が生まれる、②クラスの仲間同士の仲が良く、助け合いができる仲間集団が生まれる、③積極的に学ぼうとする環境で、学習意欲は高まり、その上に学び合いの集団が生まれてくる、そして、④学級内に児童生徒の自治が確立する。学業成績を高めること、つき合い方を学び社会的スキルを高めること、規範意識を高めて道徳心を涵養すること、集団の自治を学ぶことなどは、まさに教師の指導力如何に関わる。このため、教師力の向上を目的に、様々な研修の機会を通して教師の人間力・指導力を磨くことが奨励されている。

しかし、学級経営が困難になるほどいじめは増える（河村、二〇〇六）。今川ら（二〇一二）の研究では、学級経営が困難なクラスでは、友人への「友人親和」得点が低く、「学校満足度」が低く、教師との心理的距離が離れてしまっていた。その上にこのようなクラスは学業成績の平均が低いと教務主任から指摘があった。一方、学級経営がとてもうまくいっているクラスでも、アセスメント検査では個別に問題を抱える児童生徒は存在していたが「学校満足度」は低くなく、担任教師への親近感を児童が抱いているために学級に居場所があった。そして、担任教師がクラスでの問題行動にならないような学級運営と学級の雰囲気づくりを行っていたことを指摘したい。

今日の学校では、教師の指示に従えない、自己抑制ができない子どもが多くなってきている。このような状況下で、担任教師が教科を教え、友人関係、進路指導、親との相談をすべて担っていることに問題がある。しかも、担任教師は個々の子どもの個性を理解し、その子のもつ良い点を教科指導を通して伸ばす責任がある。自己肯定感を高め、その上でクラスをまとめ相互に協調的する態度を培うためには、担任教師とは別にアメリカのスクールカウンセラー（ガイダンスカウンセラー）、香港の包括的スクールカウンセリングを担うスペシャリストとしての教員、台湾の輔導教師が必要になると筆者は考える。

第3節　思いやりの心や相互協調的な態度は何によって形成されるのか

アメリカ人の自己は相互独立的自己観であるのに対して、日本人の自己は相互協調的自己観に根ざしていると北山・唐澤（一九九五）は自己を測定する尺度を構成し、その上で精神衛生と健康について実験的に検討している。アメリカ人の相互独立的自己観とは、自己は他の人や周りのこととは区別され、切り離された実体である。

自己はしたがって、回りの状況とは独立にある主体のもつ様々な特性によって定義されている。例えば能力、才能、性格、特性などである。日本人の相互協調的自己観では、自己とは他の人や周りのことと結びついて高次の社会的ユニットの構成要素になっている。本質的に日本人の自己は関係志向的実体である。したがって、ある特定の状況や他者の性質によって大きく異なる。自己実現とはあるコミュニティの価値ある構成員としての社会・文化・心理的な適応の状態を言う。相互独立的自己観をもつアメリカ人の自己実現は自己の内に誇るに足りる属性を発見し、それを現実のものとして確認・表明していくプロセスである。一方、相互協調的自己観をもつ日本人は自らが望ましくない属性をもっていないという間接的自己肯定の認識をもつことが自己実現の主要な要素である。要するに、日本人の自己はあくまでも他とつながって自分を主張するよりも他への配慮を基盤にして存在しているという面があるために、学校適応についても、友人関係や教師との関係によって左右されやすい。

日本人が相互協調的自己観をもち、一方でアメリカ人は相互独立的自己観をもっているとされるのは、社会的・文化的な文脈のなかで培われただけでなく、持続して受け継がれた先輩教師から次の世代の教師へ、安定して受け継がれた学級経営のノウハウと教師力を高める研修による結果と筆者は思っている。それは、児童生徒が教師との絆を基に、集団としてまとまりと役割を果たし、相互に学び合うような仕組みが学校のカリキュラムの中に組み込まれ、学校生活で適応するプロセスで、相互協調的自己観を形成することが大きいためであろう。日本の学校は仲間と親密な関係を築き、つき合い方を学ぶ大切な場所である。このため、グループ活動を多くして、仲間と協調・協同すること、集団行動が取れることを指導の重点に置いた学校教育に児童生徒が適応した結果であると筆者は考える。

この日米間の違いについて、社会的・文化的文脈のなかで培われたとの主張に疑問を投げかける社会心理学者がいる。人は生きるために食べ物や衣服、住居などの様々な資源を獲得しなければいけない。一人では生きていけないから、「行動の結果」を考慮して振る舞う。すなわち行動の結果としてもたらされるもの（物質的なものだけでなく、心理的、社会的なもの）も含めた広い意味での利益と損失、すなわちその行動を引き出す誘因が存在するために、そのような行動を取る。日本では集団行動が価値ある行動と見なされるために、そのような行動をとるのである。アメリカ人と日本人の違いは、それぞれの国の制度が安定して持続するなかで、これが信念として適応する過程を通して獲得されているがゆえの違いであると、山岸（二〇〇八）は社会心理的なアプローチから主張する。

学級づくりで児童生徒に様々な役割を決め、集団としてのまとまりを重視する指導方法は、その前提として、社会が比較的安定して変化が少ない状況では、日本人的な相互協調的自己を形成することは、これまでの教育理念である協調的な態度や他者への思いやりの教育理念と合致して、児童生徒の日本的な人生観・道徳性の価値観を育み、集団教育のなかで自己実現を果たそうとする適応のプロセスで培われてきた側面が大きい。ところが、社会が大きく激変する時代には、その歪みが児童生徒の発達や学校教育システムにまで影響し、従来通りではうまく機能しなくなってきている結果と解釈するのが妥当である。

第4節　個性を伸ばし、協調的態度と自立を目指した教育を実現するには

1　教職員・管理職とは異なるガイダンスカウンセラーの設置

学校では国の定める教育基本法や学校教育法、そして学習指導要領や教育委員会で定める規則などに従って、各教科、道徳、外国語活動、総合的な学習の時間、特別活動等の教育課程に沿って教育が行われている。児童生徒が教科を学習すると共に、人間として個性を伸ばし、社会的なスキルを獲得し、将来のキャリアを目指して社

会的に自己実現ができるような資質や態度を伸ばす場である。この指導要領に従うならば、学校での児童生徒のアセスメントは、学習方法、学習への意欲、達成感、自己効力感、学習習慣などの「学習面」、コミュニケーション能力や運動能力などの「言語・学習面」、友人関係、親子関係、教師との関係などの「心理・社会面」、将来への夢や好きな事・価値観など将来設計に関わる「進路面」、日常生活での生活習慣、身体の健康、そして精神的な健康を含めた「健康面」など多面的にアセスメントすることが重要である。

道徳の授業が教科化されたが、この担当者を教科担当とは独立させて、まずは包括的なスクールカウンセリングのスペシャリストを養成し、担任教師の役割を少なくすることである。既に紹介したアメリカのスクールカウンセラー、香港のスクールガイダンスのような教員を養成して、日本の道徳教育、進路相談、キャリア教育を総合するような役割を担う専門家を学校現場に置く時代に入ってきたと考える。

包括的なスクールカウンセリングは、まず児童生徒個人のアセスメントによって把握できるが、学級の状態さらには学校全体も把握できる。重要なのは、児童生徒が学校生活を送る学級や学校の状態である。この状態を十分に把握して、日本でも学級・学校が荒れないような予防教育のプログラムを、教育委員会・教育センター・大学と協働して推進することが必要になる。

2　幼児期の教育を充実させ、幼小の連携を強化すること

第3章で幼児期のいざこざを紹介したが、幼児期はいざこざが多発する時期である。このいざこざについて、トービンら（Tobin, Wu, & Davidson, 1989）は、アメリカの保育者、日本の保育者、中国の保育者がそれぞれ異なった指導をする点を指摘している。トービンらのこの研究の中では日本の保育者はいざこざやケンカに積極的に介入することが少ないことについて、アメリカや中国の幼児教育関係者からは驚きの目を向けられている。日

本では、いざこざを体験することで子ども同士が攻撃的な行動や情動を抑えることを学ぶことが最も望ましいと考える保育者が多い。「子どもの喧嘩に親が出る」ということわざが戒めているように、たかが子ども同士のケンカに親がでしゃばると、かえって事を荒立ててしまうことになり、あまり干渉することはよくないと信じられてきた。アメリカの保育者はすぐに介入して当事者を離して、コミュニケーションを通して善悪やルールを教える。

中国の保育者は、いざこざに対して、保育者が介入すべき行動についてはどうするのかをことばや行動で子どもに分かるように指導する。一方、日本の保育者はいざこざを体験した幼児に対して、それぞれの子どもの気持ちに寄り添い、対応は幼児たちに任せることが良いと思っているようである。日本では、いざこざの原因をつくった子どもの気持ちと、相手から物を奪われ、さらに攻撃を受けた子どもの双方の気持ちに寄り添う指導を行っている。しかも、それぞれの子どもたちがすべて納得するような解決方法を見つけようとするために、幼少期の子ども同士の解決にゆだねることが多い。大人の保育者は十分に納得できる良い方法であっても、幼少期の子どもの理解はそれほど深くない。いざこざの場面は善悪の判断やルールを守る態度の芽を育てる最適の場面である。感情を抑制させること、暴力的行動を抑えて言語的なコミュニケーションを通して主張させる絶好のチャンスである。幼児期の発達を考慮して向社会的行動を獲得するような質の高い保育を実践し、小学校の道徳教育につなぐことを目指すべきである。

3　親教育の専門家とスクールソーシャルワーカーの導入

次に、近年の日本の学校では若い教師が多くなったことも一因であるが、「家庭の教育力」の低下なども重なり、教師に反発するもの、乱暴で勝手に振る舞うもの、友人に暴力を振るうもの、学級の秩序を乱す子どもの存在も見逃せない。第5章、第6章で紹介したように、学校満足度が低い児童生徒の多くは、母親・父親への信頼関係が形成されていない。家庭での経済的・社会的問題を抱える場合が多い。このような児童生徒は、スクールソーシャルワーカーにゆだね、学校では担任教師とガイダンスカウンセラーが適切な教育的援助を行う必要がある。

第2章でアタッチメントについて触れたが、やはり幼少期には親とは限らないが身近な大人の見守りは欠かせない。抱っこ・添い寝などのアタッチメント育児がアメリカで見直されてきていることは、人間形成にとってていかに親（親以外の大切な人でもよい）への信頼関係が重要かを物語る。虐待件数が七万件を上回る時代に入り、被虐待児だけでなく、その親自身が置かれた経済的・社会的状況を含めて支援をするスクールソーシャルワーカーに期待したい。

4　学級経営が困難に陥らないための試み

学級経営が困難になると、学習への動機づけは低下し、楽しいはずの友人関係も刺々しくなり、いじめが発生する。しかも学校生活で居場所を失い、不登校に陥る子も出てくる。学級崩壊に陥らないためには、最も手早い方法は教師と児童生徒のつながりを良くすることである。児童生徒の出欠席を一人ひとり確認して、簡単な会話を交わすことで、教師と生徒のつながりが生まれる。とにかく、自分のクラスの児童生徒はもとより、他のクラスの生徒でも「元気そうだね」「何かいいことあったの」「今日は顔色がいいね」「暖かくなったから制服を脱いだら？」など何でもいい。いつもと違った様子の児童には寄り添って、「どうしたの？」と尋ねることから始める。出欠や挨拶もクラスの係りによる役割にして報告させるだけにすると、個々の児童生徒の表情や態度が気づきにくくなる。クラスの係りは大切であるが、教師と個々の児童生徒のつながりを優先することが第一歩である。

教師力の向上を目指して多くの研修が行われている。しかし、今日では親を含めて児童生徒が家庭教育で昔のような素直で従順な性格を培ってきていない。教員研修だけで理想的な学級経営ができる教師力を身につけることができるとは思えない。担任教師は、本来、理想的な学級集団を形成するだけでなく、児童生徒の個性を活かして伸ばすことが教師の重要な役割である。要するに学級担任が誰であろうと学ぶことは大切であり、持続して学び続ける力を養うことが大切である。その上で社会的に真に自立する人間を養成することが求められている。親密な人間関係を築くことができた上で、自分自身の意見をもち、人に迎合して同調的に振る舞うことをしない人間を育てることが今日ほど求められている時代はない。学級のまとまり以上に、個々の子どもの個性を伸ばし、自己肯定感を高めることを優先する授業を展開する必要がある。このために、小学校高学年からはクラス担任も決めるが、主要教科については教科担任制を導入して専門教科の理解を深め、学ぶ意欲を高める授業を展開することである。クラス担任以外の教師が主要教科を教えることで学級崩壊による学習面での悪影響を緩和することにつながる。さらに主要教科で中学校のような教科担任制に慣れることと中学校教師による応援によって中一ギャップを低減させる可能性を秘めている。教科制による評価は、包括的なスクールカウンセリングを担うガイダンスカウンセラーと連携して検証し、次の年度の新しい目標を立てることにつながる。

5　放課後や休暇中の自然体験・社会体験を充実させる

最後に、両親が働いているために、放課後を見守れないために、学校には放課後子ども教室が設けられている。ただ、この利用は上級生の下校時間までで短時間の利用しかできていない。問題は帰宅後に、児童生徒が過ごす場所が問題になる。高度成長期以前は車も少なく、田畑や路地で暗くなるまで遊びに興ずることができた。自然も豊かで小川で魚を取り、里山で昆虫採集を、そして野原で蝶やトンボを捕まえて遊び歩いた。この豊かな体験は、家でのゲーム・コンビニでの遊びに変化してきている。「人・もの・お金」が国境を越えて移動するグローバル化社会であっても、個人が所属する根っ子の部分である地域社会は重要である。青少年の地域社会での豊かな自然体験、社会体験は人間として未来を拓く根幹になると思う。放課後子どもも教室を留守家庭の子どもを預かり、宿題をさせる場にするだけでなく、豊かな自然体験・社会体験の場に活用して、児童生徒の豊かな体験を深める場に甦らせるためには社会教育の復活が大切な鍵になる。

引用・参考文献

河村茂雄　一九九九　学級崩壊に学ぶ—崩壊のメカニズムを絶つ教師の知識と技術　誠信書房

河村茂雄　二〇〇六　いじめの発生要件と防止の手だてに関する提言　図書文化社

今川峰子・三島浩路　二〇一三　児童・生徒を支援するための「適応度診断と介入」検査の開発と応用　平成二一年度～平成二四年度科学研究費補助金（基盤研究（C））研究成果報告書

北山　忍・唐澤真弓　一九九五　自己：文化心理学的視座　実験社会心理学的研究、三五、一三三—一六三頁

Tobin, J. J., Wu, D. Y. H., & Davidson, D. H.　1989　*Pre-school in three cultures: Japan, China, and the United States.* New Haven, CT: Yale University Press.

山岸俊男　二〇〇八　日本の「安心」はなぜ、消えたのか　集英社インターナショナル

事項索引

人名索引

【著者紹介】
今川峰子（いまがわ・みねこ）
中部大学現代教育学部教授
中部大学大学院教育学研究科教授
名古屋大学教育学部卒業
名古屋大学大学院教育学研究科修了
教育学博士
主著に，『教師をめざす学生のための教育心理学』（単著，みらい，2011），『新・教育心理学』（編著，みらい，2000）ほか。

転換期を迎えた日本の学校教育

2015年12月20日　初版第1刷発行　（定価はカヴァーに表示してあります）

著　者　今川峰子
発行者　中西健夫
発行所　株式会社ナカニシヤ出版
〒606-8161　京都市左京区一乗寺木ノ本町15番地
Telephone　075-723-0111
Facsimile　075-723-0095
Website　http://www.nakanishiya.co.jp/
E-mail　iihon-ippai@nakanishiya.co.jp
郵便振替　01030-0-13128

装幀＝白沢　正／印刷＝ファインワークス／製本＝兼文堂

ISBN978-4-7795-1015-1